## 〈한국대표시인 시선〉을 출간하며

육당 최남선의 「해에게서 소년에게」(1908)로부터 본다면 한국 현대시가 출범한 지 100년이 넘었다. 그동안 많은 시의 별과 꽃들이 명멸했지만, 한국어의 아름다움과 이 땅의 숨결에 잇닿은 정서를 표현하고, 나아가 인간의 보편적 진리에 이르는 찬란한 시의 성채(城砦)를 이룩한 시인도 있었다. 이 땅의 수많은 정서는 그들로 인해 행복해 하기도 하고, 위로받기도 하고, 또 그 도저한 언어 형상의 아름다움에 탄복하기도 했다. 그러나 보통의 정서들이 정성을 다해 그 모든 시를 다 찾아 소화할 수 없는 현실에서, 그 거룩한 시의 별들을 모아 간추려 정수(精髓)에 해당하는 작품을 정선하고 엄선하여, 수 세기가 지나도 살아남을 한국대표시인 시선을 출범시킨다.

이 시선은 한국의 대표적인 문학평론가가 그들의 소임을 다해 해당 시인 시의 전체적인 흐름을 짚고, 그중 10여 편을 더욱 자세하게 '해설'하여 독자들의 이해를 돕는다.

이 시선이 100년을 성숙한 한국 현대시의 모습이다. 그것은 또한 우리 문학의 선봉일 것임을 자임하며, 한국대표시인 시선 발간에 최선을 다할 것이다.

―휴먼앤북스 한국대표시인 시선 발간위원회

향수

한국대표시인 시선 **05**
# 향수

정지용 지음 | **최동호** 책임편집

1판 1쇄 발행 | 2011. 2. 5

발행처 | **Human & Books**
발행인 | 하응백
출판등록 | 2002년 6월 5일 제2002-113호
서울특별시 종로구 경운동 88 수운회관 1009호
기획 홍보부 | 02-6327-3535, 편집부 | 02-6327-3537, 팩시밀리 | 02-6327-5353
이메일 | hbooks@empal.com

값은 뒤표지에 있습니다.

ISBN 978-89-6078-110-8 03810

# 향수

정지용 지음 | 최동호 책임편집

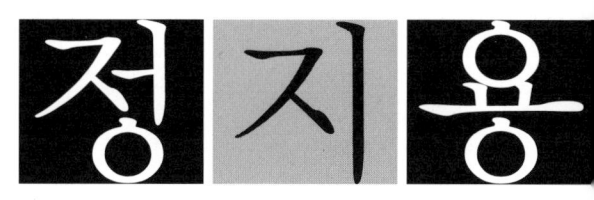

한국대표시인 시선 **05**

**Human & Books**

# 목차

## 제1부 1926~1929

| | |
|---|---|
| 카ᅋ페·뜨란스 | 13 |
| 슬픈 印像畵 | 16 |
| 爬虫類動物 | 18 |
| 병 | 21 |
| 三月삼질날 | 23 |
| 따알리아 | 25 |
| 산엣 색씨 들녁 사내 | 27 |
| 넷니약이 구절 | 30 |
| 甲板 우 | 33 |
| 바다 1 | 35 |
| 바다 2 | 37 |
| 바다 3 | 38 |
| 바다 4 | 39 |
| 湖面 | 41 |

| | |
|---|---|
| 새빨간 機關車 | 42 |
| 내 맘에 맞는 이 | 44 |
| 鄕愁 | 46 |
| 바다 5 | 49 |
| 柘榴 | 51 |
| 슬픈汽車 | 53 |
| 할아버지 | 56 |
| 산넘어저쪽 | 57 |
| 해바라기씨 | 59 |
| 幌馬車 | 61 |
| 鴨川 | 64 |
| 發熱 | 66 |
| 말 | 68 |
| 太極扇 | 69 |
| 말 1 | 72 |

## 제2부 1930~1938

| | |
|---|---|
| 琉璃窓 1 | 77 |
| 바다 1 | 79 |

| | |
|---|---|
| 湖水 1 | 82 |
| 湖水 2 | 83 |
| 아츰 | 84 |
| 絶頂 | 86 |
| 琉璃窓 2 | 88 |
| 무서운 時計 | 90 |
| 蘭草 | 92 |
| 조약돌 | 94 |
| 故鄕 | 96 |
| 海峽 | 98 |
| 毘盧峯 | 100 |
| 臨終 | 102 |
| 갈릴레아 바다 | 104 |
| 時計를죽임 | 106 |
| 또 하나 다른 太陽 | 108 |
| 不死鳥 | 110 |
| 勝利者 金안드레아 | 112 |
| 紅疫 | 118 |
| 다시 海峽 | 120 |
| 바람 | 122 |
| 말 2 | 124 |

| | |
|---|---|
| 바다 2 | 127 |
| 流線哀傷 | 129 |
| 파라솔 | 132 |
| 瀑布 | 135 |
| 玉流洞 | 138 |
| 삽사리 | 141 |
| 溫井 | 142 |
| 毘盧峯 | 143 |
| 九城洞 | 146 |

## 제3부 1939~1950

| | |
|---|---|
| 長壽山 1 | 151 |
| 長壽山 2 | 153 |
| 春雪 | 154 |
| 白鹿潭 | 156 |
| 朝餐 | 161 |
| 비 | 163 |
| 忍冬茶 | 165 |
| 禮裝 | 167 |

| | |
|---|---|
| 나 븨 | 168 |
| 호랑나븨 | 170 |
| 異 土 | 172 |
| 愛國의 노래 | 174 |
| 그대들 돌아오시니 | 177 |
| 曲 馬 團 | 180 |
| 해설ǀ정지용 시의 문학사적 의미와 해석-최동호 | 184 |
| 정지용 연보 | 217 |

---

**일러두기**

1. 원문의 한자어는 시의 미학적 형태를 살리고자 그대로 수록하였고, 독자의 이해를 돕기 위해 각주에 별도로 음을 표기하였다.
2. 『정지용 시집』(시문학사, 1935)과 『백록담』(문장사, 1941)에 수록된 형태의 시를 본문으로 삼았음을 밝혀둔다.

# 제1부
1926~1929

## 카페·프란스

옴겨다 심은 棕櫚나무 밑에
빗두루 슨 장명등,
카페·프란스에 가쟈.

이놈은 루바쉬카
또 한놈은 보헤미안 넥타이
뻣적 마른 놈이 압장을 섰다.

밤비는 뱀눈 처럼 가는데
페이브멘트에 흐늙이는 불빛
카페·프란스에 가쟈.

이 놈의 머리는 빗두른 능금
또 한놈의 心臟은 벌레 먹은 薔薇

제비 처럼 젖은 놈이 뛰여 간다.
※
『오오 패롵(鸚鵡) 서방! 끋 이브닝!』

『끋 이브닝!』(이 친구 어떠하시오?)

鬱金香 아가씨는 이밤에도
更紗 커—틴 밑에서 조시는구료!

나는 子爵의 아들도 아모것도 아니란다.
남달리 손이 히여서 슬프구나!

나는 나라도 집도 없단다.
大理石 테이블에 닷는 내뺨이 슬프구나!

오오, 異國種강아지야
내발을 빨어다오.
내발을 빨어다오.

— 『學潮』 1호(1926. 6), 89~90쪽.

棕櫚: 종려, 心臟: 심장, 薔薇: 장미, 鸚鵡: 앵무, 鬱金香: 울금향, 更紗: 경사, 子爵: 자작, 大理石: 대리석, 異國種: 이국종

## 슬픈 印像畵

수박냄새 품어 오는
첫녀름의 저녁 때……

먼 海岸 쪽
길옆나무에 느러 슨
電燈. 電燈.
헤염처 나온듯이 깜박어리고 빛나노나.

沈鬱하게 울려 오는
築港의 汽笛소리……汽笛소리……
異國情調로 퍼덕이는
稅關의 旗ㅅ발. 旗ㅅ발.

세멘트 깐 人道側으로 사풋 사풋 옴기는

하이한 洋裝의 點景!

그는 흘러가는 失心한 風景이여니……
부즐없이 오랑쥬 껍질 씹는 시름……

아아, 愛施利·黃!
그대는 上海로 가는구료……


— 『學潮』 1호(1926. 6), 90쪽.

印像畵 : 인상화, 海岸 : 해안, 電燈 : 전등, 沈鬱 : 침울, 築港 : 축항, 汽笛 : 기적, 異國情調 : 이국정조, 稅關 : 세관, 旗 : 기, 人道側 : 인도측, 洋裝 : 양장, 點景 : 점경, 失心 : 실심, 風景 : 풍경, 愛施利 : 애시리, 黃 : 황, 上海 : 상해

# 爬虫類動物·

식거먼 연기와 불을 배트며
소리지르며 달어나는
괴상하고 거—창 한 爬蟲類動物.

그 녀ㄴ 에게
내 童貞의結婚반지 를 차지려갓더니만
그 큰 궁등이 로 ㅅ데밀어

　…털크덕…털크덕…

나는 나는 슬퍼서 슬퍼서

---

· 『學潮』 1호에 편저자의 오류로 公花의 「빠나나」 뒷부분이 합쳐진 채 출판되었다(최동호, 「개편되어야 할 『정지용 전집』 미수록 작품과 잘못 수록된 작품을 중심으로」, 『문학사상』, 2002. 10). 여기서는 그 부분을 삭제하고 표기하였다.

心臟이 되구요

여폐 안진 小露西亞 눈알푸른 시약시
「당신 은 지금 어드메로 가십나?」

　…털크덕…털크덕…털크덕…

그는 슬퍼서 슬퍼서
膽囊이 되구요

저 기—드란 쌍골라 는 大腸.
뒤처 젓는 왜놈 은 小腸.
「이이! 저다리 털 좀 보와!」

　털크덕…털크덕…털크덕…털크덕…

六月ㅅ달 白金太陽 내려쏘이는 미테
부글 부글 쓰러오르는 消化器管의妄想이여!

赭土 雜草 白骨을 짓밟부며

둘둘둘둘둘둘 달어나는

굉장하게 기-다란 爬蟲類動物.


— 『學潮』 1호(1926. 6), 91쪽.

爬蟲類動物 : 파충류동물, 童貞 : 동정, 結婚 : 결혼, 心臟 : 심장, 小露西亞 : 소로서아, 膽囊 : 담낭, 大腸 : 대장, 小腸 : 소장, 六月 : 유월, 白金太陽 : 백금태양, 消化器管 : 소화기관, 妄想 : 망상, 赭土 : 자토, 雜草 : 잡초, 白骨 : 백골, 山 : 산, 萬里 : 만리, 南 : 남, 千里 : 천리

# 병˙

부헝이 울든 밤
누나의 이야기—

파랑병을 깨치면
금시 파랑바다.

빨강병을 깨치면
금시 빨강 바다.

뻐꾹이 울든 날
누나 시집 갔네—

---

˙ 「한울 혼자 보고」라고 처음 발표되었는데, 『정지용 시집』(106~107쪽)에 「병」으로 수록되었다.

파랑병을 깨트려
하늘 혼자 보고.

빨강병을 깨트려
하늘 혼자 보고.

― 『學潮』 1호(1926. 6), 105쪽.

# 三月삼질날\*

중, 중, 때때 중,
우리 애기 까까 머리.

삼월 삼질 날,
질나라비, 훨, 훨,
제비 새끼, 훨, 훨,

쑥 뜯어다가
개피 떡 만들어.
호, 호, 잠들여 놓고
냠, 냠, 잘도 먹었다.

---

\* 「딸 레(人形)와 아주머니」라고 처음 발표되었는데, 『정지용 시집』(102쪽)에 「三月삼질날」과 「딸레」로 개작되었다.

중, 중, 때때 중,
우리 애기 상제로 사갑소.

— 『學潮』 1호(1926. 6), 106쪽.

三月 : 삼월

# 따알리아˙

가을 볕 째앵 하게
내려 쪼이는 잔디밭.

함빡 피여난 따알리아.
한낮에 함빡 핀 따알리아.

시약시야, 네 살빛도
익을 대로 익었구나.

젓가슴과 붓그럼성이
익을 대로 익었구나.

---

˙ 「Dahlia」라고 처음 발표되었는데, 『정지용 시집』(52~53쪽)에 「따알리아」로 수록되었다. 「詩文學」 1호(1930.3)에 재수록되었다.

시약시야, 순하디 순하여 다오.
암사심 처럼 뛰여 다녀 보아라.

물오리 떠 돌아 다니는
힌 못물 같은 하눌 밑에,

함빡 피여 나온 따알리아.
피다 못해 터저 나오는 따알리아.

— 『新民』 19호(1926. 11), 70~71쪽.

# 산엣 색씨 들녁 사내

산엣 새는 산으로,
들녁 새는 들로.
산엣 색씨 잡으러
산에 가세.

작은 재를 넘어 서서,
큰 봉엘 올라 서서,

「호-이」
「호-이」

산엣 색씨 날래기가
표범 같다.

치달려 다러나는
산엣 색씨,
활을 쏘아 잡었읍나?

아아니다,
들녁 사내 잡은 손은
참아 못 놓더라.

산엣 색씨,
들녁 쌀을 먹였더니
산엣 말을 잊었읍데.

들녁 마당에
밤이 들어,

활 활 타오르는 화투불 넘어
넘어다 보면—

들녁 사내 선우슴 소리,

산엣 색씨

얼골 와락 붉었더라.

— 『文藝時代』 1호(1926. 11), 60쪽.

# 넷니약이 구절

집 떠나가 배운 노래를
집 차저 오는 밤
논ㅅ둑 길에서 불럿노라.

나가서도 고달피고
돌아와 서도 고달폇노라.
열네살부터 나가서 고달폇노라.

나가서 어더온 이야기를
닭이 울도락,
아버지새 닐으노니—

기름ㅅ불은 깜박이며 듯고,
어머니는 눈에 눈물을 고이신대로 듯고

니치대든 어린 누이 안긴데로 잠들며 듯고
우ㅅ방 문설쭈에는 그사람이 서서 듯고,

큰 독 안에 실닌 슬픈 물 가치
속살대는 이 시고을 밤은
차저 온 동네ㅅ사람들 처럼 도라서서 듯고,

―그러나 이것이 모도 다
그 녜전부터 엇던 시연찬은 사람들이
씻닛지 못하고 그대로 간 니야기어니

이 집 문ㅅ고리나, 집웅이나,
늙으신 아버지의 착하듸 착한 수염이나,
활처럼 휘여다 부친 밤한울이나,

이것이 모도다
그 녜전 부터 전하는 니야기 구절 일러라.

―『新民』21호(1927. 1), 쪽수 미상.

# 甲板 우*

　나지익 한 하늘은 白金빛으로 빛나고
　물결은 유리판 처럼 부서지며 끓어오른다.
　동글동글 굴러오는 짠바람에 뺨마다 고흔피가 고이고
　배는 華麗한 김승처럼 짓으며 달려나간다.
　문득 앞을 가리는 검은 海賊같은 외딴섬이
　흩어저 날으는 갈메기떼 날개 뒤로 문짓 문짓 물러나가고,
　어디로 돌아다보든지 하이한 큰 팔구비에 안기여
　地球덩이가 동그랐타는것이 길겁구나.
　넥타이는 시언스럽게 날리고 서로 기대슨 어깨에 六月볕이
시며들고
　한없이 나가는 눈ㅅ길은 水平線 저쪽까지 旗폭처럼 퍼덕인
다.

---

*『詩文學』 2호(1930. 5)에 재수록되었다.

※

바다 바람이 그대 머리에 아른대는구료,
그대 머리는 슬픈듯 하늘거리고.

바다 바람이 그대 치마폭에 니치 대는구료,
그대 치마는 부끄러운듯 나붓기고.

그대는 바람 보고 꾸짖는구료.
※

별안간 뛰여들삼어도 설마 죽을라구요
빠나나 껍질로 바다를 놀려대노니,

젊은 마음 꼬이는 구비도는 물구비
두리 함끠 굽어보며 가비얍게 웃노니.

— 『文藝時代』 2호(1927. 1), 8~9쪽.

甲板:갑판, 白金:백금, 華麗:화려, 海賊:해적, 地球:지구, 六月:유월, 水平線:수평선, 旗:기

# 바 다 1˙

오·오·오·오·오· 소리치며 달려 가니
오·오·오·오·오· 연달어서 몰아 온다.

간 밤에 잠살포시
머언 뇌성이 울더니,

오늘 아침 바다는
포도빛으로 부풀어졌다.

철석, 처얼석, 철석, 처얼석, 철석,
제비 날어 들듯 물결 새이새이로 춤을추어.

---

˙ 「바다」라고 처음 발표되었었는데, 첫째 단락이 『정지용 시집』(84쪽)에서 「바다1」로 개작되었다.

―『朝鮮之光』64호(1927. 2), 98쪽.

# 바 다 2•

한 백년 진흙 속에
숨었다 나온 듯이,

게처럼 옆으로
기여가 보노니,

머언 푸른 하늘 알로
가이 없는 모래 밭.

— 『朝鮮之光』 64호(1927. 2), 98쪽.

---

• 「바다」라고 처음 발표되었는데, 둘째 단락이 『정지용 시집』(85쪽)에서 「바다2」로 개작되었다.

# 바 다 3·

외로운 마음이
한종일 두고

바다를 불러—

바다 우로
밤이
걸어 온다.


— 『朝鮮之光』 64호(1927. 2), 98쪽.

---

· 「바다」라고 처음 발표되었는데, 셋째 단락이 『정지용 시집』(86쪽)에서 「바다3」으로 개작되었다.

# 바다 4•

후주근한 물결소리 등에 지고 홀로 돌아가노니
어데선지 그누구 씨러저 울음 우는듯한 기척,

돌아 서서 보니 먼 燈臺가 반짝 반짝 깜박이고
갈메기떼 끼루룩 끼루룩 비를 부르며 날어간다.

울음 우는 이는 燈臺도 아니고 갈메기도 아니고
어덴지 홀로 떠러진 이름 모를 스러움이 하나.

— 『朝鮮之光』 64호(1927. 2), 98쪽.

---

• 「바다」라고 처음 발표되었는데, 넷째 단락이 『정지용 시집』(87쪽)에서 「바다 4」로 개작되었다.

燈臺 : 등대

# 湖 面

손 바닥을 울리는 소리
곱드랗게 건너 간다.

그뒤로 힌게우가 미끄러진다.

— 『朝鮮之光』 64호(1927. 2), 99쪽.

湖面 : 호면

## 새빩안 機關車

느으릿 느으릿 한눈 파는 겨를에
사랑이 수히 알어질가도 싶구나.
어린아이야, 달려가쟈.
두빰에 피여오른 어여쁜 불이
일즉 꺼저버리면 어찌 하쟈니?
줄 다름질 처 가쟈.
바람은 휘잉. 휘잉.
만틀 자락에 몸이 떠오를 듯.
눈보라는 풀. 풀.
붕어새끼 꾀여내는 모이 같다.
어린아이야, 아무것도 모르는
새빩안 기관차 처럼 달려 가쟈!

― 『朝鮮之光』 64호(1927. 2), 99쪽.

**機關車 : 기관차**

# 내 맘에 맞는 이

당신은 내맘에 꼭 맞는이.
잘난 남보다 조그만치만
어리둥절 어리석은척
옛사람 처럼 사람좋게 웃어좀 보시요.
이리좀 돌고 저리좀 돌아 보시요.
코 쥐고 뺑뺑이 치다 절한번만 합쇼.

호. 호. 호. 호. 내맘에 꼭 맞는이.

큰말 타신 당신이
쌍무지개 홍예문 틀어세운 벌로
내달리시면

나는 산날맹이 잔디밭에 앉아

기(口令)를 부르지요.

「앞으로 — 가. 요.」
「뒤로 — 가. 요.」

키는 후리후리. 어깨는 산ㅅ고개 같어요.
호. 호. 호. 호. 내맘에 맞는이.

— 『朝鮮之光』 64호(1927. 2), 99~100쪽.

口令 : 구령

## 鄕 愁

넓은 벌 동쪽 끝으로
옛이야기 지줄대는 실개천이 회돌아 나가고,
얼룩백이 황소가
해설피 금빛 게으른 울음을 우는 곳,

―그 곳이 참하 꿈엔들 잊힐리야.

질화로에 재가 식어지면
뷔인 밭에 밤바람 소리 말을 달리고,
엷은 조름에 겨운 늙으신 아버지가
짚벼개를 돋아 고이시는 곳,

―그 곳이 참하 꿈엔들 잊힐리야.

흙에서 자란 내 마음
파아란 하늘 빛이 그립어
함부로 쏜 활살을 찾으려
풀섶 이슬에 함추름 휘적시든 곳,

—그 곳이 참하 꿈엔들 잊힐리야.

傳說바다에 춤추는 밤물결 같은
검은 귀밑머리 날리는 어린 누의와
아무러치도 않고 여쁠것도 없는
사철 발벗은 안해가
따가운 해ㅅ살을 등에지고 이삭 줏던 곳,

—그 곳이 참하 꿈엔들 잊힐리야.

하늘에는 석근 별
알수도 없는 모래성으로 발을 옮기고,
서리 까마귀 우지짖고 지나가는 초라한 집웅,
흐릿한 불빛에 돌아 앉어 도란 도란거리는 곳,

─그 곳이 참하 꿈엔들 잊힐리야.

― 『朝鮮之光』 65호(1927. 3), 13~14쪽.

鄕愁 : 향수, 傳說 : 전설

# 바다 5•

바독 돌 은
내 손아귀에 만져지는것이
퍽은 좋은가 보아.

그러나 나는
푸른바다 한복판에 던졌지.

바독돌은
바다로 각구로 떠러지는것이
퍽은 신기 한가 보아.

당신 도 인제는

---

• 「바다」라고 처음 발표되었는데, 『정지용 시집』(106~107쪽)에 「바다5」로 수록되었다.

나를 그만만 만지시고,
귀를 들어 팽개를 치십시요.

나 라는 나도
바다로 각구로 떠러지는 것이,
퍽은 시원 해요.

바독 돌의 마음과
이 내 심사는
아아무도 모르지라요.

— 『朝鮮之光』 65호(1927. 3), 14쪽.

# 柘 榴˙

薔薇꽃 처럼 곱게 피여 가는 화로에 숫불,
立春때 밤은 마른풀 사르는 냄새가 난다.

한 겨울 지난 柘榴열매를 쪼기여
紅寶石 같은 알을 한알 두알 맛 보노니,

透明한 옛 생각, 새론 시름의 무지개여,
金붕어 처럼 어린 녀릿 녀릿한 느낌이여.

이 열매는 지난 해 시월 상ㅅ달, 우리 둘의
조그마한 이야기가 비롯될 때 익은것이어니.

---

˙『詩文學』 3호(1931. 10)에 재수록되었다.

자근아씨야, 가녀린 동무야, 남몰래 깃들인
네 가슴에 조름 조는 옥토끼가 한쌍.

옛 못 속에 헤염치는 힌고기의 손가락, 손가락,
외롭게 가볍게 스스로 떠는 銀실, 銀실,

아아 柘榴알을 알알히 비추어 보며
新羅千年의 푸른 하늘을 꿈꾸노니.

— 『朝鮮之光』 65호(1927. 3), 15쪽.

柘榴 : 석류, 薔薇 : 장미, 立春 : 입춘, 紅寶石 : 홍보석, 透明 : 투명, 金 : 금, 銀 : 은, 新羅千年 : 신라천년

# 슬픈汽車

　우리들의 汽車는 아지랑이 남실거리는 섬나라 봄날 완하로를 익살스런 마드로스 파이프로 피우며 간 단 다.
　우리들의 汽車는 느으릿 느으릿 유월소 걸어가듯 걸어 간 단 다.

　우리들의 汽車는 노오란 배추꽃 비탈밭 새로
　헐레벌덕어리며 지나 간 단 다.

　나는 언제든지 슬프기는 슬프나마 마음만은 가벼워
　나는 車窓에 기댄 대로 회파람이나 날리쟈.

　먼데 산이 軍馬처럼 뛰여오고 가까운데 수풀이 바람처럼 불려 가고
　유리판을 펼친듯, 瀨戶內海 펴언한 물. 물. 물. 물.

손까락을 담그면 葡萄빛이 들으렸다.

입술에 적시면 炭酸水처럼 끓으렸다.
복스런 돛폭에 바람을 안고 뭇배가 팽이 처럼 밀려가 다 간, 나비가 되여 날러간다.

나는 車窓에 기댄대로 옥토끼처럼 고마운 잠이나 들쟈.
 靑만틀 깃자락에 마담·R의 고달픈 뺨이 붉으레 피였다, 고은 石炭불처럼 이글거린다.
 당치도 않은 어린아이 잠재기 노래를 부르심은 무슨 뜻이뇨?

 잠 들어라.
 가여운 내 아들아.
 잠 들어라.

나는 아들이 아닌것을, 웃수염 자리 잡혀가는, 어린 아들이 버얼서 아닌것을.
 나는 유리쪽에 가깝한 입김을 비추어 내가 제일 좋아하는 이름이나 그시며 가 쟈.

　나는 늬긋 늬긋한 가슴을 蜜柑쪽으로나 씻어나리쟈.


　대수풀 울타리마다 妖艶한 官能과 같은 紅椿이 피맺혀 있다.

　마당마다 솜병아리 털이 폭신 폭신 하고,

　집웅마다 연기도 아니뵈는 해ㅅ볕이 타고 있다.

　오오, 개인 날세야, 사랑과 같은 어질머리야, 어질머리야.


　靑만틀 깃자락에 마담·R의 가여운 입술이 여태껏 떨고 있다.

　누나다운 입술을 오늘이야 싫겆 절하며 갑노라.

　나는 언제든지 슬프기는 슬프나마,

　오오, 나는 차보다 더 날러 가랴지는 아니하란다.


― 『朝鮮之光』 67호(1927. 5), 89~91쪽.

汽車 : 기차, 車窓 : 차창, 軍馬 : 군마, 瀨戶內海 : 뇌호내해, 葡萄 : 포도, 炭酸水 : 탄산수, 靑 : 청, 石炭 : 석탄, 蜜柑 : 밀감, 妖艶 : 요염, 官能 : 관능, 紅椿 : 홍춘

## 할아버지

할아버지가
담배ㅅ대를 물고
들에 나가시니,
궂은 날도
곱게 개이고,

할아버지가
도롱이를 입고
들에 나가시니,
가믄 날도
비가 오시네.

— 『新少年』 5권 5호(1927. 5), 44쪽.

# 산넘어저쪽

산넘어 저쪽 에는
누가 사나?

뻐꾹이 영우 에서
한나잘 울음 운다.

산넘어 저쪽 에는
누가 사나?

철나무 치는 소리만
서로 맞어 쩌 르 렁!

산넘어 저쪽 에는
누가 사나?

늘 오던 바늘장수도
이봄 들며 아니 뵈네.

— 『新少年』 5권 5호(1927. 5), 4~5쪽.

# 해바라기씨

해바라기 씨를 심자.
담모롱이 참새 눈 숨기고
해바라기 씨를 심자.

누나가 손으로 다지고 나면
바둑이가 앞발로 다지고
괭이가 꼬리로 다진다.

우리가 눈감고 한밤 자고 나면
이실이 나려와 가치 자고 가고,

우리가 이웃에 간 동안에
해ㅅ빛이 입마추고 가고,

해바라기는 첫시약시 인데
사흘이 지나도 부끄러워
고개를아니 든다.

가만히 엿보러 왔다가
소리를 깩! 지르고 간놈이—
오오, 사철나무 잎에 숨은
청개고리 고놈 이다.

— 『新少年』 5권 6호(1927. 6), 2~3쪽.

# 幌 馬 車

  이제 마악 돌아 나가는 곳은 時計집 모롱이, 낮에는 처마 끝에 달어맨 종달새란 놈이 都會바람에 나이를 먹어 조금 연기 끼인듯한 소리로 사람 흘러나려가는 쪽으로 그저 지줄 지줄거립데다.

  그 고달픈 듯이 깜박 깜박 졸고 있는 모양이-가여운 잠의 한점이랄지요-부칠데 없는 내맘에 떠오릅니다. 쓰다듬어 주고 싶은, 쓰다듬을 받고 싶은 마음이올시다. 가엾은 내그림자는 검은 喪服처럼 지향없이 흘러나려 갑니다. 촉촉이 젖은 리본 떨어진 浪漫風의 帽子밑에는 金붕어의 奔流와 같은 밤경치가 흘러 나려갑니다. 길옆에 늘어슨 어린 銀참나무들은 異國斥候兵의 걸음제로 조용 조용히 흘러 나려갑니다.

  슬픈 銀眼鏡이 흐릿하게
  밤비는 옆으로 무지개를 그린다.

이따금 지나가는 늦인 電車가 끼이익 돌아나가는 소리에 내 조고만 魂이 놀란듯이 파다거리나이다. 가고 싶어 따듯한 화로갛를 찾아가고싶어. 좋아하는 코-란經을 읽으면서 南京콩이나 까먹고 싶어, 그러나 나는 찾어 돌아갈데가 있을나구요?

네거리 모통이에 씩 씩 뽑아 올라간 붉은 벽돌집 塔에서는 거만스런 XII時가 避雷針에게 위엄있는 손까락을 치여 들었소. 이제야 내 목아지가 쭐 뺏 떨어질듯도 하구료. 솔닢새 같은 모양새를 하고 걸어가는 나를 높다란데서 굽어 보는것은 아주 재미 있을게지요. 마음 놓고 술 술 소변이라도 볼까요. 헬멭 쓴 夜警巡査가 쎄일림처럼 쫓아오겠지요!

네거리 모통이 붉은 담벼락이 흠씩 젖었오. 슬픈 都會의 뺨이 젖었소. 마음은 열없이 사랑의 落書를 하고있소. 홀로 글성 글성 눈물짓고 있는것은 가엾은 소-니야의 신세를 비추는 빩안 電燈의 눈알이와다. 우리들의 그전날 밤은 이다지도 슬픈지요. 이다지도 외로운지요. 그러면 여기서 두손을 가슴에 념이고 당신을 기다리고 있으렷가?

  길이 아조 질어 터져서 뱀눈알 같은 것이 반쟉 반쟉 어리고 있오. 구두가 어찌나 크던동 거러가면서 졸님이 오십니다. 진흙에 착 붙어 버릴듯 하오. 철없이 그리워 동그스레한 당신의 어깨가 그리워. 거기에 내머리를 대이면 언제든지 머언 따듯한 바다울음이 들려 오더니‥‥‥‥‥‥

  ‥‥‥아아, 아모리 기다려도 못 오실니를‥‥‥

  기다려도 못 오실 니 때문에 졸리운 마음은 幌馬車를 부르노니, 회파람처럼 불려오는 幌馬車를 부르노니, 銀으로 만들은 슬픔을 실은 鴛鴦새 털 깔은 幌馬車, 꼬옥 당신처럼 참한 幌馬車, 찰 찰찰 幌馬車를 기다리노니.

— 『朝鮮之光』 68호(1927. 6), 22-23쪽.

幌馬車 : 황마차, 時計 : 시계, 都會 : 도회, 喪服 : 상복, 浪漫風 : 낭만풍, 帽子 : 모자, 金 : 금, 奔流 : 분류, 銀杏 : 은행, 異國斥候兵 : 이국척후병, 銀眼鏡 : 은안경, 電車 : 전차, 魂 : 혼, 經 : 경, 南京 : 남경, 塔 : 탑, 避雷針 : 피뢰침, 夜警巡査 : 야경순사, 落書 : 낙서, 電燈 : 전등, 鴛鴦 : 원앙

# 鴨 川[*]


鴨川 十里ㅅ벌에
해는 저믈어…… 저믈어……

날이 날마다 님 보내기
목이 자졌다…… 여울 물소리……

찬 모래알 쥐여 짜는 찬 사람의 마음,
쥐여 짜라. 바시여라. 시언치도 않어라.

역구풀 욱어진 보금자리
뜸북이 홀어멈 울음 울고,

---

[*] 『詩文學』 1호(1930. 3), 16~18쪽에 재수록되었다.

제비 한쌍 떠시다,
비마지 춤을 추어.

수박 냄새 품어오는 저녁 물바람.
오랑쥬 껍질 씹는 젊은 나그네의 시름.

鴨川 十里ㅅ벌에
해가 저믈어…… 저믈어……

— 『學潮』 2호(1927. 6), 쪽수 미상.

鴨川 : 압천, 十里 : 십리

# 發熱

처마 끝에 서린 연기 따러
葡萄순이 기여 나가는 밤, 소리 없이,
가믈음 땅에 시며든 더운 김이
등에 서리나니, 훈훈히,
아아, 이 애 몸이 또 달어 오르노나.
가뿐 숨결을 드내 쉬노니, 박나비 처럼,
가녀린 머리, 주사 찍은 자리에, 입술을 붙이고
나는 중얼거리다, 나는 중얼거리다,
부끄러운줄도 모르는 多神敎徒와도 같이.
아아, 이 애가 애자지게 보채노나!
불도 약도 달도 없는 밤,
아득한 하늘에는
별들이 참벌 날으듯 하여라.

— 『朝鮮之光』 69호(1927. 7), 10쪽.

發熱 : 발열, 葡萄 : 포도, 多神敎徒 : 다신교도

# 말

말아, 다락 같은 말아,
너는 즘잔도 하다 마는
너는 웨그리 슬퍼 뵈니?
말아, 사람편인 말아,
검정 콩 푸렁 콩을 주마.
　　　　※
이말은 누가 난줄도 모르고
밤이면 먼데 달을 보며 잔다.

— 『朝鮮之光』 69호(1927. 7), 10쪽.

# 太極扇˙

이 아이는 고무뽈을 따러
힌山羊이 서로 부르는 푸른 잔디 우로 달리는지도 모른다.

이 아이는 범나비 뒤를 그리여
소소라치게 위태한 절벽 갓을 내닷는지도 모른다.

이 아이는 내처 날개가 돋혀
꽃잠자리 제자를 슨 하늘로 도는지도 모른다.

　(이 아이가 내 무릎 우에 누은것이 아니라)

새와 꽃, 인형 납병정 기관차들을 거나리고

---

˙ 「太極扇에 날리는 꿈」이라고 처음 발표되었는데, 『정지용 시집』(44~45쪽)에 「太極扇」으로 수록되었다.

모래밭과 바다, 달과 별사이로
다리 긴 王子처럼 다니는것이려니,

  (나도 일즉이, 점두룩 흐르는 강가에
  이 아이를 뜻도 아니한 시름에 겨워
  풀피리만 찢은일이 있다)

이 아이의 비단결 숨소리를 보라.
이 아이의 씩씩하고도 보드라운 모습을 보라.
이 아이 입술에 깃드린 박꽃 웃음을 보라.

  (나는, 쌀, 돈셈, 집웅샐것이 문득 마음 키인다)

반디ㅅ불 하릿하게 날고
지렁이 기름불 만치 우는 밤,
모와 드는 훗훗한 바람에
슬프지도 않은 태극선 자루가 나붓기다.

—『朝鮮之光』 70호(1927. 8), 21~22쪽.

太極扇 : 태극선, 山羊 : 산양, 王子 : 왕자

# 말 1[*]

청대나무 뿌리를 우여어차! 잡어 뽑다가 궁둥이를 찌였네.
짠 조수물에 흠뻑 불리워 휙 휙 내둘으니 보라스빛으로 피여오른 하늘이 만만하게 비여진다.
채축에서 바다가 운다.
바다 우에 갈메기가 흩어진다.

오동나무 그늘에서 그리운 양 졸리운 양한 내 형제 말님을 찾어 갔지.
「형제여, 좋은 아침이오.」
말님 눈동자에 엇저녁 초사흘달이 하릿하게 돌아간다.
「형제여 뺨을 돌려 대소. 왕왕.」

---

[*] 「말」이라고 처음 발표되었는데, 『정지용 시집』(97~99쪽)에 「말1」로 수록되었다.

말님의 하이한 이빨에 바다가 시리다.
푸른 물 들뜻한 언덕에 해ㅅ살이 자개처럼 반쟈거린다.
「형제여, 날세가 이리 휘양창 개인날은 사랑이 부질없오
라.」

바다가 치마폭 잔주름을 잡어 온다.
「형제여, 내가 부끄러운데를 싸매였으니
그대는 코를 불으라.」

구름이 대리석 빛으로 퍼져 나간다.
채축이 번뜻 배암을 그린다.
「오호! 호! 호! 호! 호! 호!」

말님의 앞발이 뒤ㅅ발이오 뒤ㅅ발이 앞발이라.
바다가 네귀로 돈다.
쉿! 쉿! 쉿!
말님의 발이 여덜이오 열여섯이라.
바다가 이리떼처럼 짓으며 온다.

쉿! 쉿! 쉿!
어깨우로 넘어닷는 마파람이 휘파람을 불고
물에서 뭍에서 八月이 퍼덕인다.

「형제여, 오오, 이 꼬리 긴 英雄이야!
날세가 이리 휘양창 개인날은 곱슬머리가 자랑스럽소라!」

— 『朝鮮之光』 71호(1927. 9), 1~2쪽.

八月 : 팔월, 英雄 : 영웅

# 제2부
1930~1938

# 琉璃窓 1•

琉璃에 차고 슬픈것이 어린거린다.
열없이 붙어서서 입김을 흐리우니
길들은양 언날개를 파다거린다.
지우고 보고 지우고 보아도
새까만 밤이 밀려나가고 밀려와 부디치고,
물먹은 별이, 반짝, 寶石처럼 백힌다.
밤에 홀로 琉璃를 닥는것은
외로운 황홀한 심사 이어니,
고흔 肺血管이 찢어진 채로
아아, 늬는 山ㅅ새처럼 날러 갔구나!

---

• 「琉璃窓」이라고 처음 발표되었는데,『정지용 시집』(15쪽)에 「琉璃窓 1」로 수록되었다.

― 『朝鮮之光』 89호(1930. 1), 1쪽.

琉璃窓 : 유리창, 寶石 : 보석, 肺血管 : 폐혈관, 山 : 산

# 바다 1•

고래가 이제 橫斷 한뒤
海峽이 天幕처럼 퍼덕이오.

……힌물결 피여오르는 아래로 바독돌 자꼬 자꼬 나려가고,

銀방울 날리듯 떠오르는 바다종달새……

한나잘 노려보오 훔켜잡어 고 빩안살 빼스랴고.
※
미역닢새 향기한 바위틈에
진달레꽃빛 조개가 해ㅅ살 쪼이고,

---

• 「바다」라고 처음 발표되었는데, 『정지용 시집』(2~4쪽)에 「바다1」로 수록되었다.

청제비 제날개에 미끄러저 도—네
유리판 같은 하늘에.
바다는 —속속 드리 보이오.
청대ㅅ닢 처럼 푸른
바다
봄
　　　　　　※
꽃봉오리 줄등 켜듯한
조그만 산으로—하고 있을까요.

솔나무 대나무
다옥한 수풀로—하고 있을까요.

노랑 검정 알롱 달롱한
블랑키트 두르고 쪼그린 호랑이로—하고 있을까요.

당신은 「이러한風景」을 데불고
힌 연기 같은
바다

멀리 멀리 航海합쇼.

— 『詩文學』 2호(1930. 5), 4~6쪽.

橫斷：횡단, 海峽：해협, 天幕：천막, 銀：은, 風景：풍경, 航海：항해

# 湖水 1˙

얼골 하나 야
손바닥 둘 로
폭 가리지 만,

보고 싶은 마음
湖水 만 하니
눈 감을 밖에.

― 『詩文學』 2호(1930. 5), 11쪽.

˙ 「湖水」라는 제목으로 발표되었는데, 『정지용 시집』(68쪽)에 「湖水 1」로 수록되었다.

湖水 : 호수

# 湖水 2˚

오리 목아지는
湖水를 감는다.

오리 목아지는
자꼬 간지러워.

— 『詩文學』 2호(1930. 5), 11쪽.

---

˚ 「湖水」라는 제목으로 발표되었는데, 『정지용 시집』(69쪽)에 「湖水 2」로 수록되었다.

# 아 츰·

프로펠러 소리……
鮮姸한 커—앺를 돌아나갔다.

快晴! 짙푸른 六月都市는 한層階 더자랐다.

나는 어깨를 골르다.
하픔…… 목을 뽑다.
붉은 숭닭모양 하고
피여 오르는 噴水를 물었다……뿜었다……
해ㅅ살이 함빡 白孔雀의 꼬리를 폈다.

睡蓮이 花瓣을 폈다

---

· 「大藝月刊」2호 (1931. 12), 58~59쪽에 재수록되었다.

옴으라쳤던 잎새. 잎새. 잎새.
방울 방울 水銀을 바쳤다.
아아 乳房처럼 솟아오른 水面!
바람이 굴고 게우가 미끄러지고 하늘이 돈다.

좋은 아츰—
나는 탐하듯이 呼吸하다.
때는 구김살 없는 힌돛을 달다.

— 『朝鮮之光』 92호(1930. 8), 36쪽.

鮮妍 : 선연, 快晴 : 쾌청, 六月都市 : 유월도시, 層階 : 층계, 噴水 : 분수, 白孔雀 : 백공작,
睡蓮 : 수련, 花瓣 : 화판, 水銀 : 수은, 乳房 : 유방, 水面 : 수면, 呼吸 : 호흡

# 絶頂

石壁에는
朱砂가 찍혀 있오.
이슬같은 물이 흐르오.
나래 붉은 새가
위태한데 앉어 따먹으오.
山葡萄순이 지나갔오.
참그런 꽃뱀이
高原꿈에 옴치고 있오.
巨大한 죽엄 같은 壯嚴한 이마,
氣候鳥가 첫번 돌아오는 곳,
上弦달이 살어지는 곳,
쌍무지개 다리 드디는 곳,
아래서 볼때 오리옹 星座와 키가 나란하오.
나는 이제 上上峯에 섰오.

별만한 힌꽃이 하늘대오.
밈들레 같은 두다리 간조롱 해지오.
해솟아 오르는 東海—
바람에 향하는 먼 旗폭 처럼
뺨에 나붓기오.


— 『學生』 2권 9호(1930. 10), 22-23쪽.

絶頂 : 절정, 石壁 : 석벽, 朱砂 : 주사, 山葡萄 : 산포도, 香 : 향, 高原 : 고원, 巨大 : 거대, 壯嚴 : 장엄, 氣候鳥 : 기후조, 上弦 : 상현, 星座 : 성좌, 上上峯 : 상상봉, 東海 : 동해, 旗 : 기

# 琉璃窓 2•

내어다 보니
아조 캄캄한 밤,
어험스런 뜰앞 잣나무가 자꼬 커올라간다.
돌아서서 자리로 갔다.
나는 목이 마르다.
또, 가까히 가
유리를 입으로 쫏다.
아아, 항안에 든 金붕어처럼 갑갑하다.
별도 없다, 물도 없다, 쉬파람 부는 밤.
小蒸汽船처럼 흔들리는 窓.
透明한 보라ㅅ빛 누뤼알 아,
이 알몸을 끄집어내라, 때려라, 부릇내라.

---

• 「琉璃窓」이라고 처음 발표되었는데, 『정지용 시집』(16-17쪽)에 「琉璃窓 2」로 수록되었다.

나는 熱이 오른다.

뺨은 차라리 戀情스레히

유리에 부빈다, 차디찬 입마춤을 마신다.

쓰라리, 알연히, 그싯는 音響—

머언 꽃!

都會에는 고흔 火災가 오른다.


— 『新生』 27호(1931. 1), 80쪽.

琉璃窓 : 유리창, 金 : 금, 小蒸汽船 : 소증기선, 窓 : 창, 透明 : 투명, 熱 : 열, 戀情 : 연정, 音響 : 음향, 都會 : 도회, 火災 : 화재

## 무서운 時計*

옵바가 가시고 난 방안에
숫불이 박꽃처럼 새워간다.

산모루 돌아가는 차, 목이 쉬여
이밤사 말고 비가 오시랴나?

망토 자락을 녀미며 녀미며
검은 유리만 내여다 보시겠지!

옵바가 가시고 나신 방안에
時計소리 서마 서마 무서워.

---

* 「옵바 가시고」라고 처음 발표되었는데, 『정지용 시집』(101쪽)에 「무서운 時計」로 수록되었다.

— 『文藝月刊』 3호(1932. 1), 66쪽.

時計 : 시계

# 蘭 草

蘭草닢은
차라리 水墨色.

蘭草닢에
엷은 안개와 꿈이 오다.

蘭草닢은
한밤에 여는 담은 입술이 있다.

蘭草닢은
별빛에 눈떴다 돌아 눕다.

蘭草닢은
드러난 팔구비를 어짜지 못한다.

蘭草닢에

적은 바람이 오다.

蘭草닢은

칩다.

— 『新生』 37호(1932. 1), 40쪽.

蘭草 : 난초, 水墨色 : 수묵색

# 조약돌

조약돌 도글 도글……
그는 나의 魂의 조각 이러뇨.

알는 피에로의 설음과
첫길에 고달픈
靑제비의 푸념 겨운 지줄댐과,
꾀집어 아즉 붉어 오르는
피에 맺혀,
비날리는 異國거리를
嘆息하며 헤매노나.

조약돌 도글 도글……
그는 나의 魂의 조각 이러뇨.

— 『東方評論』 4호(1932. 7), 178쪽.

魂 : 혼, 靑 : 청, 異國 : 이국, 嘆息 : 탄식

# 故 鄕

고향에 고향에 돌아와도
그리던 고향은 아니러뇨.

산꽁이 알을 품고
뻐꾹이 제철에 울건만,

마음은 제고향 진히지 않고
머언 港口로 떠도는 구름.

오늘도 메끝에 홀로 오르니
힌점 꽃이 인정스레 웃고,

어린 시절에 불던 풀피리 소리 아니나고
메마른 입술에 쓰디 쓰다.

고향에 고향에 돌아와도
그리던 하늘만이 높푸르구나.


— 『東方評論』 4호(1932. 7), 179쪽.

---

故鄕 : 고향, 港口 : 항구

## 海峽˙

砲彈으로 뚫은듯 동그란 船窓으로
눈섶까지 부풀어 오른 水平이 엿보고,

하늘이 함폭 나려 앉어
큰악한 암닭처럼 품고 있다.

透明한 魚族이 行列하는 位置에
훗하게 차지한 나의 자리여!

망토 깃에 솟은 귀는 소라ㅅ속 같이
소란한 無人島의 角笛을 불고—

---

˙ 「海峽의 午前二時」라고 처음 발표되었는데,『정지용 시집』(22~23쪽)에 「海峽」으로 수록되었다.

海峽午前二時의 孤獨은 오롯한 圓光을 쓰다.
설어울리 없는 눈물을 少女처럼 짓쟈.

나의 靑春은 나의 祖國!
다음날 港口의 개인 날세여!

航海는 정히 戀愛처럼 沸騰하고
이제 어드메쯤 한밤의 太陽이 피여오른다.

— 『카톨닉 靑年』 1호(1933. 6), 64~65쪽.

海峽 : 해협, 砲彈 : 포탄, 船窓 : 선창, 水平 : 수평, 透明 : 투명, 魚族 : 어족, 行列 : 행렬,
位置 : 위치, 無人島 : 무인도, 角笛 : 각적, 海峽午前二時 : 해협오전이시, 孤獨 : 고독,
圓光 : 원광, 少女 : 소녀, 靑春 : 청춘, 祖國 : 조국, 港口 : 항구, 航海 : 항해, 戀愛 : 연애,
沸騰 : 비등, 太陽 : 태양

## 毘 盧 峯*

白樺수풀 앙당한 속에
季節이 쪼그리고 있다.

이곳은 肉體없는 寥寂한 饗宴場
이마에 시며드는 香料로운 滋養!

海拔五千㎩이트 卷雲層우에
그싯는 성냥불!

東海는 푸른 揷畵처럼 옴직 않고
누뤼 알이 참벌처럼 옴겨 간다.

---

* 『조선중앙일보』(1934. 7. 3)에 「卷雲層 우에서—毘盧峯」으로 재수록되었다.

戀情은 그림자 마자 벗쟈

산드랗게 얼어라! 귀뜨람이 처럼.

— 『카톨닉 靑年』 1호(1933. 6), 65쪽.

毘盧峯 : 비로봉, 白樺 : 백화, 季節 : 계절, 肉體 : 육체, 寥寂 : 요적, 饗宴場 : 향연장, 香料 : 향료, 滋養 : 자양, 海拔五千 : 해발오천, 卷雲層 : 권운층, 東海 : 동해, 揷畵 : 삽화, 戀情 : 연정

## 臨 終

나의 림종하는 밤은
귀또리 하나도 울지 말라.

나종 죄를 들으신 神父는
거룩한 産婆처럼 나의 靈魂을 갈르시라.

聖母就潔禮 미사때 쓰고남은 黃蠟불!

담머리에 숙인 해바라기꽃과 함께
다른 세상의 太陽을 사모하며 돌으라.

永遠한 나그내ㅅ길 路資로 오시는
聖主 예수의 쓰신 圓光!
나의 령혼에 七色의 무지개를 심으시라.

나의 평생이오 나종인 괴롬!
사랑의 白金도가니에 불이 되라.

달고 달으신 聖母의 일홈 불으기에
나의 입술을 타게하라.

— 『카톨닉 靑年』 4호(1933. 9), 68쪽.

---

臨終 : 임종, 神父 : 신부, 産婆 : 산파, 靈魂 : 영혼, 聖母就潔禮 : 성모취결례, 黃燭 [黃燭의 오기] : 황촉, 太陽 : 태양, 永遠 : 영원, 路資 : 노자, 聖主 : 성주, 圓光 : 원광, 七色 : 칠색, 白金 : 백금, 聖母 : 성모

# 갈릴레아 바다

나의 가슴은
조그만 「갈릴레아 바다」.

때없이 설레는 波濤는
美한 風景을 이룰수 없도다.

예전에 門弟들은
잠자시는 主를 깨웠도다.

主를 다만 깨움으로
그들의 信德은 福되도다.

돗폭은 다시 펴고
키는 方向을 찾었도다.

오늘도 나의 조그만 「갈릴레아」에서
主는 짐짓 잠자신 줄을—.

바람과 바다가 잠잠한 후에야
나의 嘆息은 깨달었도다.


— 『카톨닉 靑年』 4호(1933. 9), 71쪽.

---

波濤 : 파도, 美 : 미, 風景 : 풍경, 門弟 : 문제, 主 : 주, 信德 : 신덕, 福 : 복, 方向 : 방향,
嘆息 : 탄식

# 時計를 죽임

한밤에 壁時計는 不吉한 啄木鳥!
나의 腦髓를 미신바늘처럼 쫏다.

일어나 쫑알거리는 「時間」을 비틀어 죽이다.
殘忍한 손아귀에 감기는 간열핀 목아지여!

오늘은 열시간 일하였노라.
疲勞한 理智는 그대로 齒車를 돌리다.

나의 生活은 일절 憤怒를 잊었노라.
琉璃안에 설레는 검은 곰 인양 하품하다.

꿈과 같은 이야기는 꿈에도 아니 하랸다.
必要하다면 눈물도 製造할뿐!

어쨌던 定刻에 꼭 睡眠하는것이
高尙한 無表情이오 한趣味로 하노라!

明日! (日字가 아니어도 좋은 永遠한 婚禮!)
소리없이 옴겨가는 나의 白金체펠린의 悠悠한 夜間航路여!

— 『카톨닉 靑年』 5호(1933. 10), 54쪽.

壁時計:벽시계, 不吉:불길, 啄木鳥:탁목조, 腦髓:뇌수, 時間:시간, 殘忍:잔인, 疲勞:피로, 理智:이지, 齒車:치차, 生活:생활, 憤怒:분노, 琉璃:유리, 必要:필요, 製造:제조, 定刻:정각, 睡眠:수면, 高尙:고상, 無表情:무표정, 趣味:취미, 明日:명일, 日字:일자, 永遠:영원, 婚禮:혼례, 白金:백금, 悠悠:유유, 夜間航路:야간항로

# 또 하나 다른 太陽*

온 고을이 밧들만 한
薔薇 한가지가 솟아난다 하기로
그래도 나는 고하 아니하련다.

나는 나의 나히와 별과 바람에도 疲勞웁다.

이제 太陽을 금시 잃어 버린다 하기로
그래도 그리 놀라울리 없다.

실상 나는 또하나 다른 太陽으로 살았다.

사랑을 위하얀 입맛도 일는다.

---

* 『詩苑』 2호(1935. 4)에 재수록되었다.

외로운 사슴처럼 벙어리 되어 山길에 슬지라도—

오오, 나의 幸福은 나의 聖母마리아!

— 『카톨닉 靑年』 9호(1934. 2), 9~10쪽.

太陽 : 태양, 薔薇 : 장미, 疲勞 : 피로, 山 : 산, 幸福 : 행복, 聖母 : 성모

# 不死鳥

悲哀! 너는 모양할수도 없도다.
너는 나의 가장 안에서 살었도다.

너는 박힌 화살, 날지안는 새,
나는 너의 슬픈 울음과 아픈 몸짓을 진히노라.

너를 돌려보낼 아모 이웃도 찾지 못하였노라.
은밀히 이르노니-「幸福」이 너를 아조 싫여하더라.

너는 짐짓 나의 心臟을 차지하였더뇨?
悲哀! 오오 나의 新婦! 너를 위하야 나의 窓과 우슴을 닫었노라.

이제 나의 靑春이 다한 어느날 너는 죽었도다.

그러나 너를 묻은 아모 石門도 보지 못하였노라.

스사로 불탄 자리에서 나래를 펴는
오오 悲哀! 너의 不死鳥 나의 눈물이여!

— 『카톨닉 靑年』 10호(1934. 3), 72쪽.

---

不死鳥 : 불사조, 悲哀 : 비애, 幸福 : 행복, 心臟 : 심장, 新婦 : 신부, 窓 : 창, 靑春 : 청춘, 石門 : 석문

## 勝利者 金안드레아˙

새남터 욱어진 샣닙알에 서서
넷어른이 실로 보고 일러주신 한 거룩한 니야기
압헤 돌아나간 푸른 물구비가 이쌍과 함씨 영원하다면
이는 우리 겨레와 함씨 싲사지 빗날 기억이로다.

一千八百四十六年九月十六日
방포 취타하고 포장이 압서 나가매
무수한 힌옷 입은 백성이 결진한 곳에
이믜 좌긔ㅅ대가 놉히 살기롭게 소샷더라.

이 지겹고 흉흉하고 나는새도 자최를감출 위풍이 쓸치는 군세는

---

˙이 시는 방제각(方濟各)이라는, 정지용의 영세명으로 발표되었다.

당시 청국 바다에 쓴 법국 병선 대도독 세시리오와
그의 막하 수백을 사로잡어 문죄함이런가?

대체 무슨 사정으로 이러한 어명이 나리엇스며
이러한 대국권이 발동하엿던고?
혹은 사직의 안위를 범한 대역도나 다사람이엇던고?

실로 군소리도 업는 알는소리도 업는 샐도 업는
조찰한 피를 담은 한 「羊」의 목을 베이기 위함이엇도다.
지극히 유순한 「羊」이 제대에 오르매
마귀와 그의 영화를 부수기에 백천의 사자떼 보다도 더 영맹하엿도다.

대성전 장막이 찌저진제 천유여년이엇건만
아즉도 새로운 태양의 소식을 듯지못한 죽음그늘에 잠긴 동방일우에
산하나 「갈와리아산상의 혈제」여!

오오 좌기ㅅ대에 목을 놉히 달니우고

다시 열두칼날의 수고를 덜기 위하야 몸을 틀어다인
오오 지상의 천신 안드레아 김신부!

일즉이 천주를 알어 사랑한 탓으로 아버지의 위태한 목숨을 뒤에두고
그의 외로운 어머니 마자 홀로 철화사이에 숨겨두고
처량히 국금과 국경을 버서나아간 소년 안드레아!

오문부* 이역한등에서 오로지 천주의 말슴을 배호기에 침식을 이즌 신생 안드레아!

빙설과 주림과 설매에 몸을부치어 요야천리를 건느며
악수와 도적의 밀림을 지나 구지 막으며 죽이기로만 쇠하든
조국 변문을 네번째 두다린 부제 안드레아!

황해의 거친 파도를 한짝 목선으로 넘어(오오 위태한 령

---

* 오문부 : '오문(奧門)'은 '마카오(Macao)'를 말한다. 중국어로는 '아오먼(奧門)'이다. (최동호 편저, 『정지용 사전』, 고려대학교 출판부, 2003, 242쪽.)

적!)

불가티 사랑한 나라상을 밟븐 조선 성직자의 장형 안드레아!

포학한 치도곤 알에 조찰한 쎠를 부술지언정
감사의게 「소인」을 바치지 아니한 오백년 청반의 후예 안드레아·김대건!

나라와 백성의령혼을 사랑한 갑스로
극죄에 질안한 관장을 위하야
그의 승직을 긔구한 관후장자 안드레아!

표양이 능히 옥졸사지 놀래인 청년성도 안드레아!

재식이 고금을 누르고
보람도 업시 정교한 세계지도를 그리여
군주와 관장의 눈을 열은 나라의 산 보배 안드레아!

형장의 이슬로 사라질새사 지도

오히려 성교를 가라친 선목자 안드레아!

두귀에 활살을박어 채구 그대로 십자가를 일운 치명자 안드레아!

성주 예수 바드신 성면오독을 보람으로
얼골에 물과 회를 바든 수난자 안드레아!
성주 예수 성분의 수위를 바드신 그대로 바든 복자 안드레아!

성주 예수 바드신 거짓질안을 딸어 거짓질안으로 죽은 복자 안드레아!

오오 그들은 악한 권세로 죽인
그의 시체싸지도 차지하지못한 그날
거륵한 피가 이믜 이나라의 흙을 조찰히 씨섯도다.
외교의 거친 덤풀을 밟고 잘아나는
주의 포도ㅅ다래가
올해에 十三萬송이!

오오 승리자 안드레아는 이러타시 익이엇도다.

— 『카톨닉 靑年』 16호(1934. 9), 93~95쪽.

---

**勝利者** : 승리자, **金** : 김, **一千八百四十六年九月十六日** : 일천팔백사십육년구월십육일, **羊** : 양, **十三萬** : 십삼만

# 紅 疫

石炭 속에서 피여 나오는
太古然히 아름다운 불을 둘러
十二月밤이 고요히 물러 앉다.

琉璃도 빛나지 않고
窓帳도 깊이 나리운 대로—
門에 열쇠가 끼인 대로—

눈보라는 꿀벌떼 처럼
닝닝거리고 설레는데,
어느 마을에서는 紅疫이 躑躅처럼 爛漫하다.

— 『카톨릭 靑年』 22호(1935. 3), 54쪽.

紅疫 : 홍역, 石炭 : 석탄, 太古然 : 태고연, 十二月 : 십이월, 琉璃 : 유리, 窓帳 : 창장, 門 : 문, 躑躅 : 척촉, 爛漫 : 난만

# 다시 *海峽*

正午 가까운 *海峽*은
白墨痕跡이 的歷한 圓周!

마스트 끝에 붉은旗가 하늘 보다 곱다.
甘藍 포기 포기 솟아 오르듯 茂盛한 물이랑이어!

班馬같이 海狗 같이 어여쁜 섬들이 달려오건만
──히 만저주지 않고 지나가다.

海峽이 물거울 쓰러지듯 휘뚝 하였다.
海峽은 업지러지지 않았다.

地球우로 기여가는것이
이다지도 호수운 것이냐!

외진곳 지날제 汽笛은 무서워서 운다.
당나귀처럼 悽凉하구나.

海峽의 七月해ㅅ살은
달빛 보담 시원타.

火筒옆 사닥다리에 나란히
濟州島사투리 하는이와 아주 친했다.

수물 한살 적 첫 航路에
戀愛보담 담배를 먼저 배웠다.

― 『朝鮮文壇』 24호(1935. 8), 92~93쪽.

海峽 : 해협, 正午 : 정오, 白墨痕跡 : 백묵흔적, 的歷 : 적력, 圓周 : 원주, 旗 : 기, 甘藍 : 감람, 茂盛 : 무성, 班馬[斑馬의 오기] : 반마, 海狗 : 해구, 地球 : 지구, 汽笛 : 기적, 悽凉 : 처량, 七月 : 칠월, 火筒 : 화통, 濟州島 : 제주도, 航路 : 항로, 戀愛 : 연애

# 바람·

바람.
바람.
바람.

늬는 내 귀가 좋으냐?
늬는 내 코가 좋으냐?
늬는 내 손이 좋으냐?

내사 왼통 빩애 졌네.

내사 아므치도 않다.

---

· 처음 발표지는 밝혀져 있지 않다.

호 호 칩어라 구보로!

— 未詳, 『鄭芝溶詩集』(1935. 10), 111쪽.

# 말 2•

까치가 앞서 날고,
말이 따러 가고,
바람 소올 소올, 물소리 쫄 쫄 쫄,
六月하늘이 동그라하다, 앞에는 퍼언한 벌,
아아, 四方이 우리 나라 라구나.
아아, 우통 벗기 좋다, 회파람 불기 좋다. 채칙이 돈다, 돈다, 돈다, 돈다.
말아,
누가 났나? 늬를. 늬는 몰라.
말아,
누가 났나? 나를. 내도 몰라.
늬는 시골 듬에서

---

• 처음 발표지는 밝혀져 있지 않다.

사람스런 숨소리를 숨기고 살고
내사 대처 한복판에서
말스런 숨소리를 숨기고 다 잘았다.
시골로나 대처로나 가나 오나
량친 몬보아 스럽더라.
말아,
멩아리 소리 쩌르렁! 하게 울어라,
슬픈 놋방울소리 마춰 내 한마디 할라니.
해는 하늘 한복판, 금빛 해바라기가 돌아가고,
파랑콩 꽃타리 하늘대는 두둑 위로
머언 힌 바다가 치여드네.
말아,
가자, 가자니, 古代와같은 나그내ㅅ길 떠나가자.
말은 간다.
까치가 따라온다.

―未詳, 『鄭芝溶詩集』(1935. 10), 82~83쪽.

六月 : 유월, 四方 : 사방, 古代 : 고대

# 바다 2•

바다는 뿔뿔이
달어 날랴고 했다.

푸른 도마뱀떼 같이
재재발렀다.

꼬리가 이루
잡히지 않었다.

힌 발톱에 찢긴
珊瑚보다 붉고 슬픈 생채기!

---

• 「바다」라고 처음 발표되었는데, 『정지용 시집』(5~6쪽)에 「바다2」로 수록되었다.

가까스루 몰아다 부치고
변죽을 둘러 손질하여 물기를 시쳤다.

이 앨쓴 *海圖*에
손을 싯고 떼었다.

찰찰 넘치도록
돌돌 굴르도록

회동그란히 바쳐 들었다!
地球는 蓮닢인양 옴으라들고……펴고……

— 『詩苑』 5호(1935. 12), 2~3쪽.

珊瑚 : 산호, 海圖 : 해도, 地球 : 지구, 蓮 : 연

# 流線哀傷

생김생김이 피아노보담 낫다.
얼마나 뛰어난 燕尾服맵시냐.

산뜻한 이 紳士를 아스팔트우로 꼰돌라인듯
몰고들 다니길래 하도 딱하길래 하로 청해왔다.

손에 맞는 품이 길이 아조 들었다.
열고보니 허술히도 半音키-가 하나 남었더라.

줄창 練習을 시켜도 이건 철로판에서 밴 소리로구나.
舞臺로 내보낼 생각을 아예 아니했다.

애초 달랑거리는 버릇 때문에 궂인날 막잡어부렸다.
함초롬 젖어 새초롬하기는새레 회회 떨어 다듬고 나선다.

대체 슬퍼하는 때는 언제길래
아장아장 괙괙거리기가 위주냐.

허리가 모조리 가느래지도록 슬픈 行列에 끼여
아조 천연스레 굴든게 옆으로 솔쳐나자—

春川三百里 벼루ㅅ길을 냅다 뽑는데
그런 喪章을 두른 表情은 그만하겠다고 꽥―꽥―

몇킬로 휘달리고나서 거북 처럼 興奮한다.
징징거리는 神經방석우에 소스듬 이대로 견딜 밖에.

쌍쌍이 날러오는 風景들을 뺨으로 헤치며
내처 살폿 엉긴 꿈을 깨여 진저리를 쳤다.

어늬 花園으로 꾀여내어 바눌로 찔렀더니만
그만 蝴蝶 같이 죽드라.

― 『詩와 小說』 1호(1936. 3), 10~11쪽.

流線哀傷 : 유선애상, 燕尾服 : 연미복, 紳士 : 신사, 半音 : 반음, 練習 : 연습, 舞臺 : 무대, 行列 : 행렬, 春川三百里 : 춘천삼백리, 喪章 : 상장, 表情 : 표정, 興奮 : 흥분, 神經 : 신경, 風景 : 풍경, 花園 : 화원, 蝴蝶 : 호접

# 파 라 솔•

蓮닢에서 연닢내가 나듯이
그는 蓮닢 냄새가 난다.

海峽을 넘어 옮겨다 심어도
푸르리라, 海峽이 푸르듯이.

불시로 상긔되는 뺨이
성이 가시다, 꽃이 스사로 괴롭듯.

눈물을 오래 어리우지 않는다.
輪轉機 앞에서 天使처럼 바쁘다.

---

• 「明眸」라고 처음 발표되었는데, 『백록담』(66~69쪽)에 「파라솔」로 수록되었다.

붉은 薔薇 한가지 골르기를 평생 삼가리,
대개 흰 나리꽃으로 선사한다.

월래 벅찬 湖水에 날러들었던것이라
어차피 헤기는 헤여 나간다.

學藝會 마지막 舞臺에서
自暴스런 白鳥인양 훙청거렸다.

부끄럽기도하나 잘 먹는다
끔직한 비-으스테이크 같은것도!

오쯰스의 疲勞에
태엽 처럼 풀려왔다.

람프에 갓을 씨우자
또어를 안으로 잠겄다.

祈禱와 睡眠의 內容을 알 길이 없다.
咆哮하는 검은밤, 그는 鳥卵처럼 희다.

구기여지는것 젖는것이
아조 싫다.

파라솔 같이 채곡 접히기만 하는것은
언제든지 파라솔 같이 펴기 위하야―


— 『中央』 32호(1936. 6), 112~113쪽.

蓮 : 연, 海峽 : 해협, 輪轉機 : 윤전기, 天使 : 천사, 薔薇 : 장미, 湖水 : 호수, 學藝會 : 학예회, 舞臺 : 무대, 自暴 : 자포, 白鳥 : 백조, 疲勞 : 피로, 祈禱 : 기도, 睡眠 : 수면, 內容 : 내용, 咆哮 : 포효, 鳥卵 : 조란

# 瀑 布

산ㅅ골에서 자란 물도
돌베람빡 낭떨어지에서 겁이 났다.

눈ㅅ뎅이 옆에서 졸다가
꽃나무 알로 우정 돌아

가재가 기는 골작
죄그만 하늘이 갑갑했다.

갑자기 호숩어질랴니
마음 조일 밖에.

흰 발톱 갈갈이
앙징스레도 할퀸다.

어쨌던 너무 재재거린다.
나려질리자 쭐뼷 물도 단번에 감수했다.

심심 산천에 고사리ㅅ밥
모조리 졸리운 날

송화ㅅ가루
놓랗게 날리네.

山水 따러온 新婚 한쌍
앵두 같이 상긔했다.

돌뿌리 뾰죽 뾰죽 무척 고브라진 길이
아기 자기 좋아라 왔지!

하인리히 하이네ㅅ적부터
동그란 오오 나의 太陽도

겨우 끼리끼리의 발굽치를
조롱 조롱 한나잘 따라왔다.

산간에 폭포수는 암만해도 무서워서
긔염 긔염 긔며 나린다.

— 『朝光』 9호(1936. 7), 30~31쪽.

瀑布 : 폭포, 山水 : 산수, 新婚 : 신혼, 太陽 : 태양

# 玉 流 洞

골에 하늘이
따로 트이고,

瀑布 소리 하잔히
봄우뢰를 울다.

날가지 겹겹히
모란꽃닢 포기이는듯.

자위 돌아 사폿 질ㅅ듯
위태로히 솟은 봉오리들.

골이 속 속 접히어 들어
이내(晴嵐)가 새포롬 서그러거리는 숫도림.

꽃가루 묻힌양 날러올라
나래 떠는 해.

보라빛 해ㅅ살이
幅지어 빗겨 걸치이매,

기슭에 藥草들의
소란한 呼吸!

들새도 날러들지 않고
神秘가 한끗 저자 선 한낮.

물도 젖여지지 않어
흰돌 우에 따로 구르고,

닥어 스미는 향기에
길초마다 옷깃이 매워라.

귀또리도

흠식 한양


옴짓

아니 긷다.



— 『朝光』 25호(1937. 11), 134~135쪽.

玉流洞 : 옥류동, 瀑布 : 폭포, 晴嵐 : 청람, 幅 : 폭, 藥草 : 약초, 呼吸 : 호흡, 神秘 : 신비

# 삽 사 리

  그날밤 그대의 밤을 지키든 삽사리 괴임즉도 하이 짙은 울가시사립 굳이 닫히었거니 덧문이오 미닫이오 안의 또 촛불 고요히 돌아 환히 새우었거니 눈이 치로 싸힌 고샅길 인기척도 아니하였거니 무엇에 후젓허든 맘 못뇌히길래 그리 짖었드라니 어름알로 잔돌사이 뚫로라 죄죄대든 개울 물소리 기여 들세라 큰봉을 돌아 둥그레 둥긋이 넘쳐오든 이윽달도 선뜻 나려 설세라 이저리 서대든것이러냐 삽사리 그리 굴음즉도 하이 내사 그대ㄹ 새레 그대것엔들 다흘법도 하리 삽사리 짖다 이내 허울한 나룻 도사리고 그대 벗으신 곻은 신이마 위하며 자드니라.

— 『三千里文學』 2호(1938. 4), 36쪽.

# 溫 井

    그대 함끠 한나잘 벗어나온 그머흔 골작이 이제 바람이 차 지하는다 앞낡의 곱은 가지에 걸리어 파람 부는가 하니 창을 바로치놋다 밤 이윽자 화로ㅅ불 아쉽어 지고 촉불도 치위타 는양 눈섭 아사리느니 나의 눈동자 한밤에 푸르러 누은 나를 지키는다 푼푼한 그대 말씨 나를 이내 잠들이고 옴기셨는다 조찰한 벼개로 그대 예시니 내사 나의 슬기와 외롬을 새로 고를 밖에! 땅을 쪼기고 솟아 고히는 태고로 한양 더운물 어 둠속에 홀로 지적거리고 성긴 눈이 별도 없는 거리에 날리어 라.

—『三千里文學』 2호(1938. 4), 37쪽.

溫井 : 온정

# 毘 盧 峯*

담장이
물 들고,

다람쥐 꼬리
숯이 짙다.

山脈우의
가을ㅅ길—

이마바르히
해도 향그롭어

---

* 『青色紙』 2호(1938. 8.), 30~31쪽에 재수록되었다.

지팽이
자진 마짐

훤들\*이
우놋다.

白樺 홀홀
허올 벗고,

꽃 옆에 자고
이는 구름,

바람에
아시우다.

---

\* 훤들 : '훤돌'의 오기. (유종호, 『서정적 진실을 찾아서』, 민음사, 2001, 87쪽.)

― 『조선일보』(1937. 6. 9)

毘盧峯 : 비로봉, 山脈 : 산맥, 白樺 : 백화

# 九 城 洞[*]

골작에는 흔히
流星이 묻힌다.

黃昏에
누뤼가 소란히 싸히기도 하고,

꽃도
귀향 사는곳,

절터ㅅ드랬는데
바람도 모히지 않고

---

[*] 九城洞은 금강산에 있는 계곡 이름. 원래 '九成洞'이 맞는 표기이지만 의미상 의도적으로 쓴 것으로 보인다. (최동호 편저, 『정지용 사전』, 고려대학교 출판부, 2003, 29쪽.) 이 시는 『靑色紙』 2호(1938. 8), 15쪽에 재수록되었다.

山그림자 설핏하면

사슴이 일어나 등을 넘어간다.

— 『조선일보』(1937. 6. 9)

---

九城洞 : 구성동, 流星 : 유성, 黃昏 : 황혼, 山 : 산

# 제3부
1939~1950

# 長壽山 1˙

　伐木丁丁 이랬거니 아람도리 큰솔이 베혀짐즉도 하이 골이 울어 멩아리 소리 쩌르렁 돌아옴즉도 하이 다람쥐도 좃지 않고 뫼ㅅ새도 울지 않어 깊은산 고요가 차라리 뼈를 저리우는데 눈과 밤이 조히보담 희고녀! 달도 보름을 기달려 흰 뜻은 한밤 이골을 걸음이랸다? 웃절 중이 여섯판에 여섯번 지고 웃고 올라 간뒤 조찰히 늙은 사나히의 남긴 내음새를 줏는다? 시름은 바람도 일지 않는 고요에 심히 흔들리우노니 오오 견듸랸다 차고 兀然히˙˙ 슬픔도 꿈도 없이 長壽山속 겨울 한밤내—

---

˙ 「長壽山 1」이라고 처음 발표되었는데, 『백록담』(12쪽)에 「長壽山 1」로 수록되었다.

˙˙ 几然히 : '兀然히'의 오기. '兀然히'는 홀로 우뚝한 모양. (최동호 편저, 『정지용 사전』, 고려대학교 출판부, 2003, 244쪽.)

— 『文章』 2호(1939. 3), 120~121쪽.

長壽山 : 장수산, 伐木丁丁 : 벌목정정, 几然[올연(兀然)의 오기] : 궤연

# 長 壽 山 2

  풀도 떨지 않는 돌산이오 돌도 한덩이로 열두골을 고비고비 돌았세라 찬 하눌이 골마다 따로 씨우었고 어름이 굳이 얼어 드딤돌이 믿음즉 하이 꿩이 긔고 곰이 밟은 자옥에 나의 발도 노히노니 물소리 쥐또리처럼 喞喞하놋다 피락 마락하는 해ㅅ살에 눈우에 눈이 가리어 앉다 흰시울 알에 흰시울이 눌리워 숨쉬는다 온산중 나려앉는 휙진 시울들이 다치지 안히! 나도 내더져 앉다 일즉이 진달레 꽃그림자에 붉었던 絶壁 보이한 자리 우에!

—『文章』 2호(1939. 3), 121쪽.

長壽山 : 장수산, 喞喞 : 즉즉, 絶壁 : 절벽

## 春 雪


문 열자 선뜻!
먼 산이 이마에 차라.

雨水節 들어
바로 초하로 아츰,

새삼스레 눈이 덮힌 뫼뿌리와
서늘옵고 빛난 이마받이 하다.

어름 금가고 바람 새로 따르거니
흰 옷고롬 절로 향긔롭어라.

옹숭거리고 살어난 양이
아아 꿈 같기에 설어라.

미나리 파릇한 새순 돋고
옴짓 아니괴던 고기입이 오믈거리는,

꽃 피기전 철아닌 눈에
핫옷 벗고 도로 칩고 싶어라.

— 『文章』 3호(1939. 4), 110~111쪽.

春雪 : 춘설, 雨水節 : 우수절

# 白鹿潭

### 1

絶頂에 가까울수록 뻑국채 꽃키가 점점 消耗된다. 한마루 오르면 허리가 슬어지고 다시 한마루 우에서 목아지가 없고 나종에는 얼골만 갸옷 내다본다. 花紋처럼 版박힌다. 바람이 차기가 咸鏡道끝과 맞서는 데서 뻑국채 키는 아조 없어지고도 八月한철엔 흩어진 星辰처럼 爛漫하다. 山그림자 어둑어둑하면 그러지 않어도 뻑국채 꽃밭에서 별들이 켜든다. 제자리에서 별이 옮긴다. 나는 여긔서 기진했다.

### 2

巖古蘭, 丸藥 같이 어여쁜 열매로 목을 축이고 살어 일어섰다.

3

白樺 옆에서 白樺가 髑髏가 되기까지 산다. 내가 죽어 白樺처럼 힐것이 숭없지 않다.

4

鬼神도 쓸쓸하여 살지 않는 한모롱이, 도체비꽃이 낮에도 혼자 무서워 파랗게 질린다.

5

바야흐로 海拔六千呎우에서 마소가 사람을 대수롭게 아니녀기고 산다. 말이 말끼리 소가 소끼리, 망아지가 어미소를 송아지가 어미말을 따르다가 이내 헤여진다.

---

- 巖古蘭 : '巖高蘭'의 오기이지만, 의미상 의도적으로 쓴 것으로 보임. (최동호 편저, 『정지용 시집』, 고려대학교 출판부, 2003, 221쪽.)

6

 첫새끼를 낳노라고 암소가 몹시 혼이 났다. 얼결에 山길 百里를 돌아 西歸浦로 달어났다. 물도 마르기 전에 어미를 여힌 송아지는 움매- 움매- 울었다. 말을 보고도 登山客을 보고도 마고 매여달렸다. 우리 새끼들도 毛色이 다른 어미한틔 말길것을 나는 울었다.

7

 風蘭이 풍기는 香氣, 꾀꼬리 서로 부르는 소리, 濟州회파람새 회파람부는 소리, 돌에 물이 따로 굴으는 소리, 먼 데서 바다가 구길때 쏴- 쏴- 솔소리, 물푸레 동백 떡갈나무속에서 나는 길을 잘못 들었다가 다시 측년출 긔여간 흰돌바기 고부랑길로 나섰다. 문득 마조친 아롱점말이 避하지 않는다.

8

고비 고사리 더덕순 도라지꽃 취 삭갓나물 대풀 石茸\* 별과 같은 방울을 달은 高山植物을 색이며 醉하며 자며 한다. 白鹿潭 조찰한 물을 그리여 山脈우에서 짓는 行列이 구름보다 壯嚴하다. 소나기 놋낫 맞으며 무지개에 말리우며 궁둥이에 꽃물 익여 붙인채로 살이 붓는다.

9

가재도 긔지 않는 白鹿潭 푸른 물에 하눌이 돈다. 不具에 가깝도록 고단한 나의 다리를 돌아 소가 갔다. 좇겨온 실구름 一抹에도 白鹿潭은 흐리운다. 나의 얼골에 한나잘 포긴 白鹿潭은 쓸쓸하다. 나는 깨다 졸다 祈禱조차 잊었더니라.

---

\* 石茸 : 지의류의 하나. 일본어 어휘에서 차용된 것으로 한국에서는 '石耳', 중국에서는 '石葦'로 표기하는 것이 일반적이다. (최동호 편저, 『정지용 사전』, 고려대학교 출판부, 2003, 179쪽.)

―『文章』 3호(1939. 4), 112~115쪽.

白鹿潭:백록담, 絶頂:절정, 消耗:소모, 花紋:화문, 版:판, 咸鏡道:함경도, 八月:팔월, 星辰:성신, 爛漫:난만, 山:산, 巖古蘭:암고란, 丸藥:환약, 白樺:백화, 髑髏:촉루, 鬼神:귀신, 海拔六千尺:해발육천척, 百里:백리, 西歸浦:서귀포, 登山客:등산객, 毛色:모색, 風蘭:풍란, 香氣:향기, 濟州:제주, 避:피, 石茸:석용, 高山植物:고산식물, 醉:취, 山脈:산맥, 行列:행렬, 壯嚴:장엄, 不具:불구, 一抹:일말, 祈禱:기도

# 朝 餐

해^살 피여
이윽한 후,

머흘 머흘
골을 옮기는 구름.

桔梗 꽃봉오리
흔들려 씻기우고.

차돌부터
촉 촉 竹筍 돋듯.

물 소리에
이가 시리다.

앉음새 갈히여
양지 쪽에 쪼그리고,

서러운 새 되어
흰 밥알을 쫓다.

— 『文章』 22호(1941. 1), 114~115쪽.

朝餐 : 조찬, 桔梗 : 길경, 竹筍 : 죽순

# 비

돌에
그늘이 차고,

따로 몰리는
소소리 바람.

앞 섰거니 하야
꼬리 치날리여 세우고,

종종 다리 깟칠한
山새 걸음거리.

여울 지여
수척한 흰 물살,

갈갈히
손가락 펴고.

멎은듯
새삼 돋는 비人낯

붉은 닢 닢
소란히 밟고 간다.


— 『文章』 22호(1941. 1), 116~117쪽.

山:산

# 忍冬茶

老主人의 腸壁에
無時로 忍冬 삼긴물이 나린다.

자작나무 덩그럭 불이
도로 피여 붉고,

구석에 그늘 지여
무가 순돋아 파릇 하고,

흙냄새 훈훈히 김도 사리다가
바깥 風雪소리에 잠착 하다.

山中에 册曆도 없이
三冬이 하이얗다.

— 『文章』 22호(1941. 1), 118~119쪽.

忍冬茶 : 인동차, 老主人 : 노주인, 膓壁 : 장벽, 無時 : 무시, 刃冬 : 인동, 風雪 : 풍설, 山中 : 산중, 册曆 : 책력, 三冬 : 삼동

# 禮裝

　•••••••
　모오닝코오트에 禮裝을 가추고 大萬物相에 들어간 한 壯年紳士가 있었다. 舊萬物 우에서 알로 나려뛰었다. 웃저고리는 나려 가다가 중간 솔가지에 걸리여 벗겨진채 와이샤쓰 바람에 넥타이가 다칠세라 납족이 업드렸다 한겨울 내— 흰손바닥 같은 눈이 나려와 덮어 주곤 주곤 하였다 壯年이 생각하기를 「숨도아이에 쉬지 않어야 춥지 않으리라」고 주검다운 儀式을 가추어 三冬내— 俯伏하였다. 눈도 희기가 겹겹히 禮裝 같이 봄이 짙어서 사라지다.

—『文章』 22호(1941. 1), 127쪽.

---

禮裝 : 예장, 大萬物相 : 대만물상, 壯年紳士 : 장년신사, 舊萬物 : 구만물, 壯年 : 장년,
儀式 : 의식, 三冬 : 삼동, 俯伏 : 부복

# 나 븨

　시기지 않은 일이 서둘러 하고싶기에 暖爐에 싱싱한 물푸레 갈어 지피고 燈皮 호 호 닦어 끼우어 심지 튀기니 불꽃이 새록 돋다 미리 떼고 걸고보니 칼렌다 이튿날 날자가 미리 붉다 이제 차츰 밟고 넘을 다람쥐 등솔기 같이 구브레 벋어 나갈 連峯 山脈길 우에 아슬한 가을 하늘이여 秒針 소리 유달리 뚝닥 거리는 落葉 벗은 山莊 밤 窓유리까지에 구름이 드뉘니 후 두 두 두 落水 짓는 소리 크기 손바닥만한 어인 나븨가 따악 붙어 드려다 본다 가엽서라 열리지 않는 窓 주먹쥐어 징징 치니 날을 氣息도 없이 네 壁이 도로혀 날개와 떤다 海拔 五千呎 우에 떠도는 한조각 비맞은 幻想 呼吸하노라 서툴리 붙어있는 이 自在畵 한幅은 활 활 불피여 담기여 있는 이상스런 季節이 몹시 부러웁다 날개가 찢여진채 검은 눈을 잔나비처럼 뜨지나 않을가 무섭어라 구름이 다시 유리에 바위처럼 부서지며 별도 휩쓸려 나려가 山아래 어늰 마을 우에

총총 하뇨 白樺숲 회부옇게 어정거리는 絶頂 부유스름하기
黃昏같은 밤.

— 『文章』 22호(1941. 1), 128~129쪽.

暖爐[煖爐의 오기] : 난로, 燈皮 : 등피, 連峯 : 연봉, 山脈 : 산맥, 秒針 : 초침, 落葉 : 낙엽, 山莊 : 산장, 窓 : 창, 落水 : 낙수, 氣息 : 기식, 壁 : 벽, 海拔 : 해발, 五千尺 : 오천척, 幻想 : 환상, 呼吸 : 호흡, 自在畵 : 자재화, 幅 : 폭, 季節 : 계절, 白樺 : 백화, 絶頂 : 절정, 黃昏 : 황혼

# 호랑나븨

　畵具를 메고 山을 疊疊 들어간 후 이내 踪跡이 杳然하다 丹楓이 이울고 峯마다 찡그리고 눈이 날고 嶺우에 賣店은 덧문 속문이 닫히고 三冬내- 열리지 않었다 해를 넘어 봄이 짙도록 눈이 처마와 키가 같었다 大幅 캔바스 우에는 木花송이 같은 한떨기 지난해 흰 구름이 새로 미끄러지고 瀑布소리 차즘 불고 푸른 하눌 되돌아서 오건만 구두와 안ㅅ신이 나란히 노힌채 戀愛가 비린내를 풍기기 시작했다. 그날밤 집집 들창마다 夕刊에 비린내가 끼치였다 博多 胎生 수수한 寡婦 흰 얼골 이사 淮陽 高城사람들 끼리에도 익었건만 賣店 바같 主人 된 畵家는 이름조차 없고 松花가루 노랗고 뻑 뻑국 고비 고사리 고부라지고 호랑나븨 쌍을 지여 훨 훨 靑山을 넘고.

— 『文章』 22호(1941. 1), 130~131쪽.

畫具 : 화구, 山 : 산, 疊疊 : 첩첩, 踪跡 : 종적, 杳然 : 묘연, 丹楓 : 단풍, 峯 : 봉, 嶺 : 령,
賣店 : 매점, 三冬 : 삼동, 大幅 : 대폭, 木花 : 목화, 瀑布 : 폭포, 戀愛 : 연애, 夕刊 : 석간,
博多 : 박다, 胎生 : 태생, 寡婦 : 과부, 准陽[회양(淮陽)의 오기] : 준양, 高城 : 고성, 主人 : 주인,
畫家 : 화가, 松花 : 송화, 靑山 : 청산

# 異 土

낳아 자란 곳 어디거니
묻힐 데를 밀어 나가자

꿈에서 처럼 그립다 하랴
따로 진힌 고향이 미신이리

제비도 설산을 넘고
적도 직하에 병선이 이랑을 갈제

피였다 꽃처럼 지고 보면
물에도 무덤은 선다

탄환 찔리고\* 화약 싸아 한
충성과 피로 곻아진 흙에

싸흠은 이겨야만 법이요
씨를 뿌림은 오랜 믿음이라

기러기 한형제 높이 줄을 마추고
햇살에 일곱식구 호미날을 세우쟈


— 『國民文學』 4호(1942. 2), 64~65쪽.

• 찔리고 : 미상. 글자가 훼손되어 확인하기 어려움.

異土 : 이토

## 愛國의 노래

옛적 아레 옳은 道理
三十六年 피와 눈물
나종까지 건덧거니
自由 이제 바로 왔네

東奔西馳 革命同志
密林속의 百戰義兵
獨立軍의 銃부리로
世界彈丸 솧았노라

王이 없이 살았건만
正義만을 모시었고
信義로서 盟邦 얻어
犧牲으로 이기었네

敵이 바로 降伏하니
石器 적의 어린 神話
漁村으로 도라가고
東과 西는 이제 兄弟

원수 애초 맺지 말고
남의 손짓 미리 막아
우리끼리 굳셀뿐가
남의 恩惠 잊지 마세

진흙 속에 묻혔다가
한울에도 없어진 별
높이 솟아 나래 떨듯
우리 나라 살아 났네

萬國사람 우러 보아
누가 일러 적다 하리
뚜렷하기 그지 없어

온 누리가 한눈 일네

— 『大潮』 1호(1946. 1), 112~113쪽.

愛國 : 애국, 道理 : 도리, 三十六年 : 삼십육년, 自由 : 자유, 東奔西馳 : 동분서치, 革命同志 : 혁명동지, 密林 : 밀림, 百戰義兵 : 백전의병, 獨立軍 : 독립군, 銃 : 총, 世界彈丸 : 세계탄환, 王 : 왕, 正義 : 정의, 信義 : 신의, 盟邦 : 맹방, 犧牲 : 희생, 敵 : 적, 降伏 : 항복, 石器 : 석기, 神話 : 신화, 漁村 : 어촌, 東 : 동, 西 : 서, 兄弟 : 형제, 恩惠 : 은혜, 萬國 : 만국

# 그대들 돌아오시니*

백성과 나라가
夷狹에 팔리우고
國祠에 邪神이
傲然히 앉은지
죽엄보다 어두은
嗚呼 三十六年!

그대들 돌아오시니
피 흘리신 보람 燦爛히 돌아오시니!

허울 벗기우고
외오 돌아섰던

---

* 『해방기념 시집』(1945. 12), 86~89쪽에 재수록되었다.

山하! 이제 바로 돌아지라.
자휘 잃었던 물
옛 자리로 새소리 흘리어라.
어제 하늘이 아니어니
새론 해가 오르라

그대들 돌아오시니
피 흘리신 보람 *燦爛*히 돌아오시니!

밭이랑 문희우고
곡식 앗어가고
이바지 하올 가음마자 없어
錦衣는 커니와
戰塵 떨리지 않은
戎衣 그대로 뵈일밖에!

그대들 돌아오시니
피 흘리신 보람 *燦爛*히 돌아오시니!

사오나온 말굽에
일가 친척 흐터지고
늙으신 어버이, 어린 오누이
낯 서라 흙에 이름 없이 굴으는 白骨!

상긔 불현듯 기달리는 마을마다
그대 어이 꽃을 밟으시리
가시덤불, 눈물로 헤치시라.

그대들 돌아오시니
피 흘리신 보람 燦爛히 돌아오시니!


— 『革命』 1호(1946. 1), 쪽수 미상.

夷狄[이적(夷狄)의 오기] : 이협, 國祠 : 국사, 邪神 : 사신, 傲然 : 오연, 嗚呼 : 오호, 三十六年 : 삽십육년, 燦爛 : 찬란, 山 : 산, 錦衣 : 금의, 戰塵 : 전진, 戎衣 : 융의, 白骨 : 백골

## 曲 馬 團

疎疎開터
눈 우에도
춥지 않은 바람

클라리오넽이 울고
북이 울고
천막이 후두둑거리고
旗가 날고
야릇이도 설고 홍청스러운 밤

말이 달리다
불테를 뚫고 넘고
말 우에
기집아이 뒤집고

물개
나팔 불고

그네 뛰는게 아니라
까아만 空中 눈부신 땅재주!

甘藍 포기처럼 싱싱한
기집아이의 다리를 보았다

力技選手 팔장 낀채
외발 自轉車 타고

脫衣室에서 애기가 울었다
草綠 리본 斷髮머리 째리가 드나들었다

원숭이
담배에 성냥을 키고

防寒帽 밑 外套 안에서
나는 四十年前 悽凉한 아이가 되어

내 열살보담
어른인
열여섯 살 난 딸 옆에 섰다
열길 숫대가 기집아이 발바닥 우에 돈다
숫대 꼭두에 사내 어린 아이가 가꾸로 섰다
가꾸로 선 아이 발 우에 접시가 돈다
숫대가 주춤 한다
접시가 뛴다 아슬 아슬

클라리오넽이 울고
북이 울고

가죽 쟘바 입은 團長이
이욧! 이욧! 激勵한다

防寒帽 밑 外套 안에서

危殆 千萬 나의 마흔아홉 해가
접시 따러 돈다 나는 拍手한다.

— 『文藝』 7호(1950. 2), 111~113쪽.

曲馬團 : 곡마단, 踈開 : 소견, 旗 : 기, 空中 : 공중, 甘藍 : 감람, 力技選手 : 역기선수, 自轉車 : 자전거, 脫衣室 : 탈의실, 草綠 : 초록, 斷髮 : 단발, 防寒帽 : 방한모, 外套 : 외투, 四十年前 : 사십년전, 悽涼[凄涼의 오기] : 처량, 團長 : 단장, 激勵 : 격려, 危殆 : 위태, 千萬 : 천만, 拍手 : 박수

| 해설 |

# 정지용 시의 문학사적 의미와 해석

| 최동호* |

## 1. 정지용의 문학사적 의미

　1902년 5월 15일 충북 옥천에서 부친 정태국(鄭泰國), 모친 정미하(鄭美河)의 장남으로 출생한 정지용은 향리에서 보통학교를 졸업하고 한학을 수학하였다. 1914년 옥천보통학교 졸업 후 가정 형편으로 상급학교 진학에 어려움을 겪었으나 친척들의 도움으로 서울로 상경하여 1918년 휘문학교에 입학하였으며 고학과 장학금으로 어렵게 학교를 졸업한

---

* 시인·문학평론가, 고려대학교 국문과 교수.

다음, 우수한 성적으로 교비생으로 선발되어 일본 동지사대학(同志社大學) 영문과에 진학하여 1923년 4월부터 1929년까지 6년이 넘는 기간 동안 유학하였다. 1929년 9월 귀국한 정지용은 모교인 휘문학교의 영어 교사가 되었다. 휘문학교 재학 시절부터 문학에 뜻을 두고 1913년 동양인 최초로 노벨문학상을 수상하여 세계적인 주목을 받은 인도의 시인 타고르의 시를 사숙하면서 상당량의 습작을 경험한 바 있는 그는 일본 유학 시절인 1926년 6월 「카페·쁘란스」를 비롯한 9편의 작품을 발표하였으며 동시에 일본 문예지 『근대풍경』에도 여러 편의 시를 일본어로 발표하였다. 귀국 후 1930년 휘문학교 1년 선배인 김영랑의 권유로 박용철이 주관한 『시문학』 동인으로 참여하여 본격적인 문단활동을 전개한 지용은 이데올로기를 배제한 순수시를 주도하였으며 첫 시집 『정지용 시집』(1935)을 통해 자신의 역량을 유감없이 과시하여 세인의 주목을 한 몸에 받았다.

정지용은 1920년대의 '감정의 과도한 분출에 의한 시'가 아니라 '감정을 이지적으로 절제시켜 이미지로 표현하는 새로운 시법'의 정착에 결정적으로 기여한 첫 현대적 시인으로 평가된다. 「시와 언어」에서 "시의 신비는 언어의 신비다. 시는 언어와 Incarnation적 일치다. 그러므로 시의 정신적 심도는 필연적으로 언어의 정령을 잡지 않고서는 표현 제작에 오를 수 없다'라고 그가 명쾌하게 지적한 것은 언어에 대한 남다른 자각을 선언한 것이었다. 두 번째 시집 『백록담』(1941)에 이르러서 지용은 감각적 재기를 넘어서는 심화된 동양적인 세계의 탐구를 통해 1930년대를 전후한 시기의 문학사적 분수령을 이루는 독자적인 이정표를 제시하였다. 1941년 12월 일본의 하와이 진주만 공습을 계기로 시작된 미국과의 태평양전쟁 직전이었던 1941년 4월 『문장』이 일제 당국에 의해 폐간된 후 동년 9월에 『백록담』이 간행되었다는 것은 어쩌면 용지를 구하기도 어려운 상황에서의 필사적인 노력이었는지도 모른다. 1938년 중국의 남경을 함락시켜 더욱 가열된 중일전쟁과 1941년 개막된 미국과의 태평양전쟁 등은 세계대전에 휘말려 들어간 당시의 군국주의 일본의 막다른 길을 말해 주는 것이다. 1945년 8월 일본의 무조건 항복으로 세계대전이 종식될 때까지 정지용은 문단과 거리를 두고 절필에 가까운 은둔의 시기를 보내게 된다.

1945년 일제로부터 광복을 맞이하자 휘문학교를 사직하고 이화여자전문학교 영문과 교수로 직장을 옮긴 그는 식민지 시대의 문학을 청산하려는 듯 이전에 간행한 두 권의 시집에서 25편의 시를 선별하여 1946년 『지용시선』을 간행하였다. 이 시집은 지용의 시적 성과를 한권에 집약시켰다는 점에서 그리고 해방공간의 혼돈 속에서 순수 서정시의 나아갈 바를 밝혀 주었다는 점에서 기념비적이다. 이와 더불어 정지용 자신이 문단에 추천한 조지훈·박두진·박목월 등의 합동시집 『청록집』과 거의 동시에 그의 시선집이 간행되었다는 점도 간과할 수 없는 일이다. 아마도 정치적 혼돈의 시기에 순수서정의 정통성을 확립하고자 한 지용의 숨은 뜻이 여기에 담겨 있는지도 모른다.

정지용이 『지용시선』을 간행한 이후 한반도에서의 역사적 소용돌이는 극도의 정치적 혼란과 분열로 치달아갔다. 통일에 대한 민족적 열망에도 불구하고 정치적 갈등을 극복하지 못한 채 한반도는 1948년 끝내 남과 북으로 분단되었다. 그 결과 1950년 6월 한국전쟁이 발발하였고 그 와중에 지용은 납북되었다. 그의 생사는 한동안 묘연하여 여러 가지 억측이 난무하였으나 최근 북에서 발간된 공식적인 자료에 의하면 납북되어 북으로 이송되어 가던 중 1950년 9월 25일 미군기의 폭격에 의해 사망한 것으로 알려졌다.

1988년 3월 정지용, 김기림 등에 대한 정부당국의 해금 조치가 있을 때까지 40여 년간 지용은 공식적으로 한국문단에서 얼굴을 감추고 있었다. 그 동안 그의 시가 읽히고 논의될 수 없었다는 것은 민족의 비극이자 문학의 비극이요 시인의 비극이다. 20세기 전반기 한국 최고의 시인 중 한 사람으로 평가되는 정지용이 공개적으로 연구되고 일반 독자에게도 다시 읽히기 시작한 것은 1988년 해금조치 이후의 일이다. 민족 분단으로 인해 문학도 분단되어 있었던 것이다. 정지용의 문학사적 위치를 전체적으로 돌이켜보면 그를 한국 현대시의 아버지라고 지칭하는 것은 크게 잘못된 말은 아니다. 정지용의 문학사적 기여는 다음 세 가지 측면에서 생각해 볼 수 있다.

  첫째 한국 근대시의 선두주자로서 뛰어난 언어 감각과 이지적 방법으로 현대시의 새로운 전통을 확립하였다는 것이요, 둘째 이상의 실험적인 시를 『카톨릭 청년』에 소개하여 모더니즘시의 방향을 제시하는 한편, 문예지 『문장』을 통해 조지훈·박두진·박목월 등의 신인들을 추천하여 서정시의 본질적 영역을 확장시켰다는 것이요, 셋째 해방 후 윤동주의 시를 『경향신문』에 소개하고 유고 시집을 간행하는 데 선도적 역할을 하여 식민지시대의 저항시의 정신사적 의미를 부각시켰다는 점 등이 그것이다. 한국현대시를 형성하는 다양한 시적 감각들이 우리 시문학사에 역동적 흐름으로 자리매김하는 데 크게 공헌하였다는 점에서 정지용의 문학사적 의미는 과소평가 되어서는 안 된다.

앞으로 정지용보다 탁발한 재능을 소유한 시인은 출현할 수 있을 것이다. 그러나 정지용이 한국현대시사에 미친 것과 같은 절대적인 영향력을 행사할 시인은 쉽게 나타나지 않을 것이다. 정지용 이전에도 문학사를 장식한 훌륭한 시인들이 있었지만 이들은 정지용이 지닌 투명한 시각과 명민한 표현을 보여준 시인들은 아니었다. 뿐만 아니라 그들은 문학사의 전후 맥락을 깊게 의식한 것도 아니었다. 김소월이나 한용운 같은 시인들은 오직 자신의 시를 통해 개별적 역사성을 갖는 것이 특징이었다. 지용의 출현으로 한국어는 현대적 모국어로서 그리고 민족 언어의 완성을 위한 새로운 감각의 언어로서의 첫걸음을 걸었다고 해도 과언이 아니다.

식민지시대의 억압으로부터 풀려나자 민족분단에 의한 전쟁의 희생자가 되어야 했던 것이 한 인간으로서 지용의 운명이었다. 그것은 역사적으로 불행한 시대에 태어난 시인으로서 피하기 어려운 고난이었다는 것 이외에는 달리 말할 수 없다. 그러나 그가 차지한 문학적 위치는 날카로운 감각적 재기와 더불어 전통을 환골탈태시킨 최정상의 시인 중의 한 사람으로 한국현대문학사에 우뚝하게 기록될 것이며 그것이 그에게 부여되는 최소한의 명예일 것이다.

## 2. 정지용시의 해석

1988년 정지용에 대한 해금조치 이후 지용시에 대한 연구는 그 동안의 정치적인 억압으로 막혀 있었던 탓인지 매우 왕성하게 진행되었다. 광복 후 40여 년 넘게 금지된 영역에 남아 있었던 지용에 대한 공개적인 연구가 적극적으로 진행된 지난 20년 넘게 문단과 학계에 축적된 연구 성과는 다른 식민지시대 시인들을 압도할 정도로 많다. 그러나 지용시 자체에 대한 분석과 규명은 지용의 시어 조탁이나 문맥 구성의 뛰어난 밀도로 인해 많은 어려움을 동반해 온 것도 사실이다. 이 글에서 필자는 그동안 학계의 연구 성과를 바탕으로 결코 단순하게 이해되지 않는 작품의 구조적 이해에 필요한 비평적 시각을 간결하게 제시하면서 지용 자신의 시적 궤적을 추적하는 기술방법을 택하고자 한다. 초기 발표작으로부터 후기 작품에 이르는 동선을 찾아가며 서술할 때 지용시의 변모를 실질적으로 더 잘 이해할 수 있다고 판단하기 때문이다. 그러므로 난삽한 어구풀이는 논의의 번다함을 피하기 위해서 필자의 『정지용 사전』(고려대출판부, 2003)으로 미루기로 하겠다.

정지용의 문단 첫 공식적인 발표작은 1926년 6월 유학생들의 잡지 『학조』에 발표한 「카떼·쯔란스」이다. 그는 이 시 이외에도 9편의 다른 시편들도 동시에 발표하였는데 특히, 이 시는 1920년대 중반 일본에 유학하고 있던 젊은 청년들이 지닌 서구취향의 복합적인 자의식을 모던한 감각으로 표현했다는 점에서 흥미롭다.

옮겨다 심은 棕櫚나무 밑에
빗두루 슨 장명등,
카떼·쯔란스에 가쟈.

이놈은 루바쉬카
또 한놈은 보헤미안 넥타이

뼛적 마른 놈이 압장을 섰다.

— 「카떼·쯔란스」 중에서

    이 시는 크게 보아 두 단락으로 구분된다. 우선 제1연부터 4연까지의 전반부는 젊은 청년들이 흩날리는 비를 피해 카페를 향해 달려가는 거리의 풍경이며 제5연부터 10연까지의 후반부는 카페의 내부의 풍경이다. 이 두 풍경이 교차되는 제5연과 제6연은 각각 한 행으로 처리되어 있는데 이는 젊은 청년들이 카페 밖에서 내부로 들어서는 순간 젊은 청년들과 카페 아가씨들과의 대화장면을 극적으로 보여주는 것이라 하겠다. 그런데 이 대화가 고도로 응축되어 있는 까닭에 이 시를 읽는 어려움이 배가된다. 특히 제5연 『오오 패롵(鸚鵡) 서방! 꾿 이브닝!』의 주체가 누구인가 하는 것이 문제이다. 그 동안의 논란에도 불구하고 이 부분은 카페의 내부로 들어서는 청년들이 문 입구에 있는 앵무새에게 던지는 대화라는 유종호 교수의 해석이 설득력이 있다. 이 부분의 해석은 제6연의 『꾿 이브닝!』(이 친구 어떠하시오?)'라는 응답에서 분명해진다. 앵무새가 하는 대답이므로 주석처럼 '(이 친구 어떠하시오?)'라는 반응을 확인하는 구절이 부연되어 있다고 보아야 할 것이다. 카페를 향해 거리를 질주하는 젊은이들에게서 1930년대 중반의 이상의 「오감도」에 나타나는 질주의 모습을 연상할 수 있다. 그런데 카페의 내부에 있는 아가씨들은 나른하게 졸고 있다. 약간의 퇴폐적인 분위기가 감돈다.

밤비로 인해 거리를 질주하던 밖의 풍경과 달리 옮겨다 심은 종려나무와 앵무새 등의 이국적인 분위기가 풍기는 카페의 내부 풍경은 서구를 동경하는 젊은 유학생들의 현실부정적인 자의식을 효과적으로 나타내고 있다.

졸고 있는 카페의 아가씨들도 젊은 청년들의 나른하고 도취적인 자의식과 상통하는 일면을 시사한다. 특히 마지막에는 이국종 강아지를 등장시켜 "나는 나라도 집도 없단다"라는 식민지 출신 유학생 화자의 울분 섞인 독백을 독자에게 격정적으로 토로하여 극적인 장면을 연출한다. 이 시에서 지용은 서구의 다다이즘적 형식 실험도 하고 있는데 문장 부호의 사용이나 활자의 다양한 배치 등 당시 일본 문단에서 유행하던 실험적인 시 형태를 모방한 것이기도 할 것이다. 이는 당시 영문학을 전공하던 지용이 보여 준 그 나름의 문학적 모색을 반영한 것이라고 하겠다. 오늘날까지 가장 널리 알려진 국민적 애송시이자 정지용의 초기 대표작이 1927년 3월 『조선지

광』 65호에 발표한 「향수」이다.

넓은 벌 동쪽 끝으로
옛이야기 지줄대는 실개천이 회돌아 나가고,
얼룩백이 황소가
해설피 금빛 게으른 울음을 우는 곳,

―그 곳이 참하 꿈엔들 잊힐리야.

―「향수」 중에서

지용은 휘문학교를 다니기 시작한 이후 다시는 고향에 돌아가 살지 못했다. 방학 중에 잠깐씩 들르기는 했지만 언제나 타향에서 고향을 그리면서 생애의 대부분을 살았다. 평생 그의 마음속에는 언제나 고향으로 향하는 마음이 자리 잡고 있었을 것이다. 처음으로 조국을 떠나 일본으로 유학을 갔던 시기는 떠나온 조국과 고향을 그리는 마음이 더욱 간절했을 것이다. 「향수」는 일본에 유학하고 있던 시절 지용이 조국과 고향을 잊지 못하는 절절한 마음을 탁월하게 형상화한 작품으로 지용의 성가를 높인 역작이다. 현실적으로는 가난하고 초라한 고향은 이를 회고하는 화자의 읊조림을 통해 풍요로운 상상의 고향으로 되살아난다.

지용은 이 시에서 언어의 섬세한 조탁과 절묘한 이미지 구사 그리고 음악적 율조미 등을 가미하여 읽는 이로 하여금 저절로 고향을 그리는 마음에 젖어들게 만드는 시적 공감을 발휘한다. "해설피 금빛 게으른 울음"과 "엷은 졸음에 겨운" 그리고 매연에 반복되는 후렴구 "그 곳이 참하 꿈엔들 잊힐리야" 등이 하나로 어우러져 독자들에게 호소하는 시적 효과를 드높인다. 「향수」가 향토성에 근거한 시이라면 「유리창1」은 시적 감정을 물질적 이미지로 응집시키는 지적 방법을 구사한 서구성에 근거한 시이다.

> 琉璃에 차고 슬픈 것이 어린거린다.
> 열없이 붙어서서 입김을 흐리우니
> 길들은양 언 날개를 파다거린다.
>
> ─「유리창1」 중에서

1930년 1월 『조선지광』 89호에 발표된 「유리창1」은 혈육을 잃은 비애를 선명한 이미지로 객관화시킨 역작이다. 시인으로서 지용의 개성이 본격적으로 발휘되기 시작한 것은 이때부터라고 할 수 있다. 여기서 '유리창'이란 물질은 화자의 슬픔을 응축시키면서 시적 환상을 불러일으키는 투명한 매개체가 된다. 「향수」에서 시도한 반복적 음악성이 아니라 조형적 회화성을 전면에 내세운 「유리창1」은, 박용철에 의해 아들을 잃은 슬픔을 형상화한 것이라고 알려져 왔는데, 1920년대 슬픔의 시와 다른 1930년대 모더니즘의 지적 감각을 성공적으로 보여주고 있다. '琉璃에 차고 슬픈 것이 어린거린다'는 서두는 슬픔의 감정을 유리창에 어리는 객관적 대상물로 바라보려는 화자의 자세를 보여주는 것으로서 일방적인 감정이입을 강요하지 않는다는 점에서 눈여겨보아야 할 부분이다.

1930년을 기점으로 지용은 동시대의 시인들과 구별되는 시적 성취를 보여준다. 그것은 대상을 이미지로 드러내는 지적 형상화 방법이다. 지용은 1920년대 시인들처럼 슬픔의 정서를 문면에 그대로 노출하거나 리듬에 실어 표현하는 것이 아니라 차고 단단한 물질적 이미지를 매개로 제시한 것이다. 극적인 전환을 보여주는 시행이라고 할 수 있는 "물먹은 별이, 반짝, 寶石처럼 백힌다"라는 표현을 통해 슬픔의 감정을 직접 드러내지 않고 투명한 결정체로 집약시킨 것은 지용이 보여 준 새로운 시법이다.

「유리창1」에서 더 나아가 정지용의 재기와 감각이 어우러진 독자적인 세계를 보여 준 것은 1935년 12월 『시원』 5호에 발표한 「바다2」이다.

바다는 뿔뿔이
달어 날랴고 했다.

푸른 도마뱀떼 같이
재재발럿다.

꼬리가 이루
잡히지 않었다.

─「바다2」 중에서

발랄하고 신선한 감각적 이미지를 구사한 이 시는 발표 당시에도 충격적으로 반응을 불러일으켰을 것으로 짐작된다. 첫 부분에서 파도치는 바다 물결이 쓸려나가는 형상을 뿔뿔이 달아나는 "푸른 도마뱀떼"로 이미지화시킨 것은 지용의 놀라운 통찰력의 소산이다. 물론 도마뱀 이미지는 '꼬리'가 있기 때문에 생동감을 얻는다. 지용의 촉수는 여기서 멈추고 마는 것이 아니라 "흰 발톱에 찢긴/珊瑚보다 붉고 슬픈 생채기!"라는 시행을 통해 사물의 움직임을 리얼하게 파악하는 날카로움을 보여 준다.

그러나 지용의 경쾌한 재기는 여기에서 한 걸음 더 나아간다. 이 시의 마지막 부분의 "地球는 蓮닢인양 옴으라들고……펴고……" 같은 시행을 보면 지용의 시적 역량을 결코 과소평가할 수 없을 것이다. 1923년 처음 현해탄을 건너 일본으로 유학한 충청도 옥천 산골 출신의 지용에게 바다 체험은 충격적이고 경이로운 것이었으리라 짐작된다. 10편에 가까운 바다 시편을 지용은 연속적으로 쓰게 되는데 위의 「바다2」가 김학동의 지적처럼 그 대표적 명편이다.

1935년 10월 정지용은 문단의 주목 속에서 첫 시집 『정지용 시집』을 간행했다. 그런데 이미 시집 속에 수록된 「바다2」를 시집 출간 두 달 후인 12월에 『시원』에 발표했다는 것은 그만큼 이 작품을 시집 발간 직전까지 첨삭에 첨삭을 가해 수정했다는 것으로 이해되며 그로 인해 시집 발간 이후로 작품 발표가 늦추어졌을 것이라 여겨진다.

「바다2」에 이어 1937년 11월 『조광』 25호에 발표한 「옥류동」은 정지용의 금강산시편들 중에서 소묘적 재기를 압축적으로 드러내는 시편이다.

골에 하늘이
따로 트이고,

瀑布 소리 하잔히
봄우뢰를 울다.

날가지 겹겹히
모란꽃닢 포기이는듯.

자위 돌아 사풋 질ㅅ듯
위태로히 솟은 봉오리들.

골이 속 속 접히어 들어
이내(晴嵐)가 새포롬 서그러거리는 숫도림.

꽃가루 묻힌양 날러올라

나래 떠는 해.

―「옥류동」중에서

봄이 다가오는 늦겨울 금강산 옥류동 계곡에 들어선 화자는 주변의 경관을 세밀하게 묘사한 다음 그 마무리로서 계곡 높이 떠오른 해를 "나래 떠는"이라고 감각적으로 표현하였다. 이는 옥류동 계곡이 그만큼 절경임을 말하고자 하는 지용 특유의 어법이다.

옥류동 계곡에서 고개를 들어 하늘을 보았을 때 주변의 산봉우리들의 빼어난 모습은 모란꽃잎이 겹겹이 포개진 것처럼 묘사된다. 그 산봉우리를 사이로 떠오르는 해는 인간의 발길이 닿지 않는 태초의 신비로운 장관을 한 폭의 그림처럼 비추어 주는 역할을 하고 있다.

지용이 금강산에서 보았던 신비로운 자연풍광들은 신비로움을 머금어 인간과 자연이 하나가 되는 절대적인 일체감을 느끼게 하였으며 지용으로 하여금 자연에 몰입하는 정신주의적인 시에 대한 확신을 갖게 하였을 것이다.

꽃도
귀향 사는곳,

절터ㅅ드랬는데
바람도 모히지 않고

山그림자 설핏하면
사슴이 일어나 등을 넘어간다.

― 「구성동」 중에서

　「옥류동」과 함께 지용의 금강산시편을 대표하는 「구성동」은 1938년 8월 『청색지』 2호에 발표된 작품이다. 이 시는 김종길 시인이 지적한 것처럼 중국의 강기(姜夔)가 말하는 "자연고묘(自然高妙)"의 경지에 이른 가작으로서 일반적으로 알려진 서구의 풍경시를 뛰어넘어 자연에 정신성을 부여하는 동양의 산수시의 세계를 현대적 어법으로 드러내 주고 있다. 20세기 전반 한국현대시에서 전통의 혁신을 논한다면 지용시의 이러한 측면을 간과하고 말할 수는 없을 것이다.
　「향수」와 비교해 볼 때 번다한 수사나 후렴구도 배제되어 한층 절제된 시적 함축을 보여 준다. 이 시가 돋보이는 것은 미묘한 음영의 한 찰나를 절묘하게 포착하였기 때문이다. 마지막 시행 "山그림자 설핏하면/사슴이 일어나 등을 넘어간다"에서 우리는 인간의 발길이 멈춘 곳에서 자연과 동물이 하나가 된 극적인 경계선을 감지할 수 있다. 인간이 살고 있는 일상의 시간을 넘어선 자연이 지닌 절대의 시간을 구성동에 있는 한 폐사지에서 파악한 지용의 눈길은 여기서 매우 민감하게 작동한다. 이 시는 그런 점에서 초기의 감각적 재기를 넘어서서 지용이 동양적 사유에 깊게 뿌리내린 시인으로서 자신의 위치를 확고하게 만드는 작품이다.

「구성동」과 같이 같은 지면에 동시에 발표된 「비로봉」에서도 지용은 가벼운 터치이지만 예사롭지 않게 자연풍광을 소묘하고 있다.

담장이
물 들고,

다람쥐 꼬리
숯이 짙다.

―「비로봉」 중에서

　이 시를 고찰할 때 우선 흥미로운 것은 지용에게 「비로봉」이라는 제목으로 이미 발표한 시가 있다는 점이다. 이와 유사하게 동일한 소재를 반복적으로 다룬 시들이 있기는 하지만 대체로 연작시의 형태를 취하여 「유리창1」과 「유리창2」처럼 번호를 다는 것이 보통인데 이 경우는 대상은 동일하지만 전혀 다른 시기적 배경을 통해 시적 경험의 성숙을 보여 준다는 점에서 주목된다. 첫 작품은 1933년 6월 『카톨릭 청년』 1호에 발표한 것이며 다음 작품은 1938년 8월 『청색지』 2호에 발표된 것이다. 1933년에 이미 「비로봉」이라는 제목으로 시를 발표한 것으로 볼 때 지용은 감각적 재기를 발휘하던 이 시기에도 금강산을 등정하고 그 시적 대상을 어떻게 표현할까 고심했을 가능성이 크다. 첫 발표작이 발랄한 감각적 언어가 경쾌하게 구사되어 있다면 5년 후가 되는 두 번째 작품은 보다 절제된 언어로 금강산 비로봉의 가을 풍경을 화폭에 담고 있다. 가을 산에서 느끼는 자연의 변화를 관찰자적 시선으로 묘파한 작품으로서 「비로봉」은 「구성동」과 짝을 이루는 시이다. 두 편의 시를 동시에 놓고 볼 때 지용의 시편들은 후기에 이르러

완전히 자연에 녹아들어 갔다고 하겠다.

그러나 이 지점에서 주목해야 할 것은 자유시형의 행갈이와 연 구분의 시가 산문시형으로 바뀐다는 형태적 측면에서의 변화이다. 「비로봉」이 발표된 다음해 1939년 초의 「장수산1」과 「장수산2」(1939년 2월, 『문장』 2호) 그리고 「백록담」 (1939년 4월, 『문장』 3호) 등의 작품들은 「비로봉」과 달리 산문시형의 지향을 보여 주고 있는데 이는 지용시의 중대한 시적 변화를 말해 준다.

伐木丁丁 이랬거니 아람도리 큰솔이 베혀짐즉도 하이 골이 울어 멩아리 소리 쩌르렁 돌아옴즉도 하이 다람쥐도 좃지 않고 뫼시새도 울지 않어 깊은산 고요가 차라리 뼈를 저리우는데 눈과 밤이 조히보담 희고녀! 달도 보름을 기달려 흰 뜻은 한밤 이골을 걸음이란다? 웃절 중이 여섯판에 여섯판 지고 웃고 올라 간뒤 조찰히 늙은 사나히의 남긴 내음새를 줏는다? 시름은 바람도 일지 않는 고요에 심히 흔들리우노니 오오 견듸랸다 차고 兀然히 슬픔도 꿈도 없이 長壽山속 겨울 한밤내―

― 「장수산 1」

자연에 대한 지용의 시적 탐구는 첫 시집을 발간하고 난 다음인 1930년대 후반 더욱 심화되었다. 이는 당시의 일제에 의해 가중되어 오는 시대적 압박을 극복하기 위한 방편이기도 했을 것이다. 「장수산」 시편은 「구성동」에 이어 발표된 것으로 이 시기 지용이 탐구한 시적 연속성을 확인할 수 있는 작품이다. 문단적으로는 1937년 4월 모더니스트 시인 이상이 동경에서 타계하고 그의 문학적 동지이자 후견인이었던 박용철도 1938년 5월 후두결핵으로 사망하여 지용은 커다란 충격을 받았을 것이다. 지용으로서는 양 날개를 다 잃은 것과 다름없는 커다란 손실이었을 것이다.

1938년 1월에는 중국의 남경을 함락시키고 유례없는 대학살사건을 자행한 일본은 조선에서는 중등학교에서 조선어시간을 폐지시키고 일본어를 국어로 만들었다. 이런 와중에서 문단 최고의 권위문예지 『문장』의 편집위원이자 문단을 대표하는 시인이었던 지용이 조선어 폐지에 대응할 수 있는 길은 현실을 버리고 산수자연에 침잠하여 자신을 지키는 일이었을 것이다. 「장수산」 시편을 지배하고 있는 것은 겨울밤의 정적이다. 여기서 밝은 겨울 보름 달빛은 오히려 깊은 어둠을 강조한다. 세상을 버리고 초연하게 살고 있는 "웃절 중"의 남긴

자취를 찾아 나선 화자가 오히려 환한 달빛에 흔들리는 심적 동요를 말하고 있는데 그것은 현실에 발붙이고 살아야 하는 자신의 처지를 표명한 것이기도 하다. 일상의 시간이 정지된 태고의 정적에서 현실을 초탈하지 못해 시름에 흔들리는 자신을 굳게 지키고자 하는 의지는 마지막 "오오 견듸란다 차고 几然히 슬픔도 꿈도 없이 長壽山속 겨울 한밤내—"라고 한 시행에서 드러난다. 「장수산」 시편에 이어 1939년 4월 「백록담」이 발표되었다.

1

　絕頂에 가까울수록 뻑국채 꽃키가 점점 消耗된다. 한마루 오르면 허리가 슬어지고 다시 한마루 우에서 목아지가 없고 나종에는 얼굴만 갸옷 내다본다. 花紋처럼 版박힌다. 바람이 차기가 咸鏡道 끝과 맞서는 데서 뻑국채 키는 아조 없어지고도 八月한철엔 흩어진 星辰처럼 爛漫하다. 山그림자 어둑어둑하면 그러지 않아도 뻑국채 꽃밭에서 별들이 켜든다. 제자리에서 별이 옮긴다. 나는 여긔서 기진했다.

9

  가재도 긔지 않는 白鹿潭 푸른 물에 하눌이 돈다. 不具에 가깝도록 고단한 나의 다리를 돌아 소가 갔다. 좇겨온 실구름 一抹에도 白鹿潭은 흐리운다. 나의 얼골에 한나잘 포긴 白鹿潭은 쓸쓸하다. 나는 깨다 졸다 祈禱조차 잊었더니라.

―「백록담」 중에서

  「백록담」은 「장수산」 시편과 달리 북방의 겨울 산이 아니라 남방의 여름 산을 소재로 하고 있다. 1938년 8월에 발표된 산문 「다도해기」를 참고해 볼 때 지용은 박용철의 작고 후 남아 있는 유일한 문학적 동지라고 할 수 있는 김영랑과 함께 한라산을 등반했던 것으로 보인다. 북방에 있는 금강산이나 장수산과 달리 남방에 있는 한라산의 풍물은 그에게 이색적인 것으로 받아들여졌을 것이며 이 산행의 과정에서 남도에서만 볼 수 있는 신기하고 이국적인 풍물들은 지용의 호기심 어린 눈길을 사로잡았을 것이다.

  이 시는 아홉 개의 장면으로 구성되어 있다. 각각의 장면들은 등정의 과정에서 목격한 풍물들의 단면을 보여 주면서 유기적이며 입체적으로 연결된다. 마치 카메라로 풍경을 찍어서

이를 하나의 연작시로 구성한 것처럼 느껴지는데 이는 당시로서는 참신한 시도였을 것이다.

「장수산」 시편이 정적이 지배하는 깊은 겨울밤의 세계라면 「백록담」은 푸른 하늘이 명증한 물에 비치는 여름 대낮의 세계이다. 잡박한 세속사가 범접하기 어려운 높은 곳에 위치한 백록담 푸른 물은 실구름 하나도 용납할 수 없을 만큼 투명하다. 이 맑은 물에 자기의 얼굴을 비추어 본 화자는 자신의 얼굴이 비친 백록담의 물에서 문득 쓸쓸함을 느낀다. 이 쓸쓸함은 화자가 자신의 내면을 물을 통해 투시하고 있음을 나타낸다. 백록담이 바로 물거울이다. 여기서 양자는 서로를 비추는 거울인 것이다. 인간과 자연이 서로를 비추는 거울이 되는 이러한 시적 묘사에서 우리는 겨울밤의 어둠 속에서 슬픔도 꿈도 없이 고난의 현실을 견디려고 했던 화자가 자신의 얼굴을 비추어 내면을 투시하는 명증한 물에 이르러 무아의 한 점에 도달했음을 엿볼 수 있다.

시집 『백록담』에 수록된 대부분의 시편들은 형식적으로는 산문형태를 취하면서 내용적으로는 자연에 정신성을 부여하는 동양적 시학의 구경(究竟)을 추구한다. 그것은 혼탁한 현실을 버리고 산수자연에 은거하면서 은일의 정신을 추구한 산수시의 세계이자 탈속의 세계였다. 여기에는 또한 파국으로 치닫고 있던 식민지 질서의 파행성에 영합하지 않고 자신을 지키겠다는 문사로서의 의지도 함축된 것으로 볼 수 있다. 「백록담」을 발표한 직후 1939년 5월 지용은 부친을 잃는다. 이 충격 때문인지 지용은 상당한 침묵을 갖는다. 동시에 이 시기는 시인으로서 앞으로의 진로를 모색하는 암중모색의 기간이기도 했을 것이다. 두 번째 시집을 어떻게 구성할 것인가 하는 것도 그 고민 중의 하나였을 것이다.

돌에
그늘이 차고,


따로 몰리는
소소리 바람.


앞 섰거니 하야
꼬리 치날리여 세우고,


종종 다리 깟칠한

山새 걸음거리.

여울 지여
수척한 흰 물살,

갈갈히
손가락 펴고.

멎은듯
새삼 돋는 비ㅅ낯

붉은 닢 닢
소란히 밟고 간다.

—「비」

「백록담」 이후 2년여의 침묵을 지키던 정지용은 1941년 1월 「조찬」, 「비」, 「인동차」 등의 신작 10편을 『문장』에 발표한 다음 동년 9월 제2시집 『백록담』을 출간한다. 『백록담』에 수록된 시편들은 모두 1935년 이후에 발표된 것으로서 첫 시집처럼 젊은 시인의 감각적 재기를 발휘한 것이 아니라 한 단계 더 성숙한 정신주의적 견인의 세계에 대한 탐구를 보여 준 시집이라고 하겠다. 「비」는 이 시기를 대표하는 작품 중의 하나로서 기승전결의 고전적인 전개 방식을 보여주고 있어 비교적 단순해 보이지만 결코 단순히 볼 수 없는 시적 함축을 지닌 시이다.

인간은 시의 전면에 등장하지 않고 산과 계곡 그리고 산새가 등장할 뿐이다. 이 시를 해석하는 데 있어서 일차적으로 쟁점이 되는 것은 계절적 배경이 어느 때인가 하는 문제이다. 마지막 연의 '붉은 닢 닢'으로 미루어 볼 때 가을이라고 선뜻 추정한 비평가들이 많이 있었지만 이는 잘못된 이해이다. 이상숙 교수의 지적처럼 제2연에서 볼 수 있는 '소소리 바람'이 부는 이른 봄이라고 보아야 한다. 소소리바람은 가을이 아니라 봄에 부는 회오리바람이다. 이 시어를 간과하면 시적 내포적 의미는 약화된다. 계절적 배경은 봄이라고 볼 때 시적 풍요로움이 한층 강화된다. 봄비가 메마른 산과 들을 적시고 있는데 겨울 내 굶주린 산새가 빗방울을 피해 종종걸음 걷는 모습을 포착한 것이 이 작품의 정밀한 소묘일 것이다. 다음으로 구조상 전환에 해당하는 제5~6연에 등장하는 "여울 지여/수척한 흰 물살"을 묘사하는 화자의 태도에서도 암울한 시대의 지식인으로서 당대를 견디어야 했던 시인 자신의 수척한 정신이 시의 문면에 나타난다. 그것은 현재 화자가 처해 있는 피폐하고 수척한 상태를 나타내는 것이기도 하다. 여기에 식민지시대 말기의 압박을 겪고 있는 시인 지용의 고뇌가 깃들어 있다고 하겠다.

그리고 제7연의 '돋는'을 '듣는'이라는 고어로 수정한 견해가 있었다. 이는 어느 누구보다도 시어에 민감했던 지용의 의도와 다르게 시어를 무리하게 교정한 것이다. '돋는'은 떨어지는 빗방울을 단순히 표현한 것이 아니라 그것을 강조하고 부각시키고자 의도적으로 사용한 시어이다. 그렇게 볼 때 마지막 제8연의 소란한 빗방울이 자연스럽게 전개된다. 그렇다면 '붉은 닢 닢'을 어떻게 보아야 하는가 하는 문제가 남는다. 얼른 생각하면 지난 가을 떨어진 붉은 단풍잎으로 볼 수 있을 것이다. 그러나 이 시의 전체적 배경을 봄으로 본다고 전제할 때 좀 더 거슬러 올라가 생각해 보면 그것은 봄이 오기 시작할 무렵 빨리 피었다 떨어진 꽃잎으로 보는 것이 온당한 해석이 아닐까 한다. 이른 봄 나무에 이파리가 돋기 전에 산과 계곡에 진달래와 같은 꽃들이 피어난다는 사실을 상기할 필요가 있다.

그렇게 볼 때 아직 나뭇잎이 돋지 않은 수척한 겨울 산에서 봄이 오고 꽃이 피는 계절을 맞이하여 소란하게 떨어지는 빗방울을 연상할 수 있을 것이다. 봄을 맞이하는 산에 부는 스산한 소소리바람과 더불어 생명의 태동을 알리는 빗방울을 느끼지 않는다면 이 시의 풍요로운 묘미는 제대로 살아나지 않을 것이다.

### 3. 광복 후의 혼란과 한국전쟁의 희생자

1940년대에 들어서자 국내의 현실은 최악의 상황으로 치달려 가고 있었다. 1938년 1월 남경을 무력으로 함락시킨 일본은 중국 대륙 전역에 걸쳐 전쟁을 감행하였다. 전시동원체제에 돌입한 국내 정세로 인해 1940년 8월 『조선일보』와 『동아일보』가 그리고 1941년 4월 『문장』과 『인문평론』 등이 일제 당국에 의해 폐간되었다. 1941년 9월 두 번째 시집 『백록담』을 간행한 후 지용은 전쟁의 소용돌이에 휩싸이게 된다. 1941년 12월 일본의 진주만 기습으로 태평양전쟁이 시작되었으며 일제 말 산수자연에 물러나 은둔적 자세를 취했던 지용도 어쩔 수 없이 1942년 2월 친일성향의 문예지 『국민문학』에 「이토(異土)」라는 친일적인 시를 한 편 발표했다. 일제에 의해 1942년 10월 조선어학회 사건이 발생하였으며 독일군은 아우슈비츠에서 유태인을 대량 학살하였다. 1943년 4월 조선문인보국회가 결성되었으며 10월에는 학병제가 실시되었고 1944년 1월 북경의 감옥에서 이육사가 옥사하였으며 2월에는 총동원령이 그리고 8월에는 여성정신대 근무령이 시행되었다. 1945년 2월 윤동주가 후쿠오카의 감옥에서 옥사하였으며 드디어 8월 15일 감격적인 민족의 광복을 맞이했다. 지용은 식민지시대와는 다르게 힘찬 목소리로 「애국의 노래」, 「그대들 돌아오시니」, 「곡마단」 등의 시편들을 쓰지만 시적 긴장의 확산으로 인해 종전의 밀도를 지닌 역작을 보여 준 것은 아니다. 억압으로부터는 풀려났지만 더 큰 혼란 앞에 삶의 방향성을 찾지 못하고 있었던 것이다.

1945년 8월부터 1948년 8월까지 광복 이후 좌우의 소용돌이에서 대한민국 정부가 수립되기까지 사회적 정치적 혼란은 그를 더욱 피폐하게 만들었다. 1946년 『지용시선』을 간행하고 1948년 산문집 『문학독본』도 간행하였지만 이는 모두 새로운 작품이 아니라 종전의 작품에서 선별한 것들이었다. 당시 서울의 교외였던 녹번리 초당에서 서예로 소일하면서 현실의 소용돌이에 휘말리지 않으려고 노력했지만 결국 그는 보도연맹에 가입하게 되고 이를 다시 번복하는 일이 벌어지고 한국전쟁이 발발하자 서울에 진주한 북의 정치보위부에 1950년 7월 자수형식을 밟으러 나갔다가 납북되어 북으로 가던 도중 1950년 9월 25일 미군의 폭격으로 사망하였다고 한다. 그는 자기에게 다가오는 운명적인 어두운 그림자를 어렴풋이 감지했는지도 모른다. 1950년 2월에 발표한 「곡마단」에서 그는 기집 아이 발바닥 위에 솟은 솟대 위에서 아슬아슬하게 접시를 돌리는 사내아이를 보고 이처럼 아슬아슬한 정치적 상황 속에 놓여 있는 자기 자신의 위태로운 처지를 다음과 같이 나타낸 바 있다.

防寒帽 밑 外套 안에서
危殆 千萬 나의 마흔아홉 해가
접시 따러 돈다 나는 拍手한다

—「곡마단」 중에서

마흔아홉의 그는 열 살짜리 소년시절을 회상하면서 어린 시절 겪었던 위태천만한 상황이 다시 연출되고 있는 현실에서의 어려움을 토로하고 있다. 이 위기에 처한 사회적 상황이 결국 한국전쟁으로 돌출되고 그 역사적 소용돌이의 희생자로서 그의 이름을 기억해야 한다는 것은 일단 인간적인 의미에서 매우 안타까운 일이라 하지 않을 수 없다. 젊은 날 "나의 청춘은 나의 조국"이라고 노래했던 망국의 시인이 독립된 나라에서 자신의 역량을 마음껏 발휘한 시를 써 보지 못하고 민족분단으로 인해 야기된 전쟁의 희생자로 비극적 최후를 맞이하게 된 것이다.

  식민지시대 일본 순사가 무서워 산으로 들로 다니면서 시를 썼다는 그의 고백은 어쩌면 그가 피하고 싶어도 피할 수 없었던 감시와 속박이 그리고 뒤이어 더 큰 역사적 소용돌이가 그의 삶과 그의 시에 운명의 주술처럼 부과되어 있었던 것임을 알려주는 고백이었는지도 모른다.*

---

\* 이 글은 필자의 「정지용의 시세계와 문학사적 의미」(『지용시선』, 을유문화사, 2006, 62-81쪽)를 보완한 것이며, 개별 주석은 이 글의 성격상 생략했다.

# 정지용 연보*

- 1902년: 충청북도 옥천군에서 출생.
- 1910년: 옥천공립보통학교에 입학.
- 1913년: 동갑인 송재숙과 결혼.
- 1918년: 휘문고보에 입학. 박팔양 등 8명으로 요람동인을 결성하여 동인지 『요람』을 10여 호 발행.
- 1919년: 『서광』 창간호에 소설 「3인」을 발표. 지용의 유일한 소설이자 첫 발표작.
- 1922년: 휘문고보를 졸업. 마포 현석리에서 첫 시작품 「풍랑몽」을 씀.
- 1923년: 휘문고보의 문우회에서 만든 『휘문』 창간호의 편집위원이 됨. 휘문고보의 교비생으로 일본의 도시샤(同志社) 대학 영문과 입학.
- 1926년: 『학조』 창간호에 「카떼·쯔란스」 등 9편의 시를, 『신민』과 『문예시대』에 「Dahlia」, 「홍춘」 등 3편의 시를 발표.
- 1927년: 「갑판우」, 「향수」 등 30여 편의 시를 발표.
- 1929년: 도시샤대학교 졸업. 9월 휘문고보 영어교사로 부임. 12월 「유리창」을 씀.
- 1930년: 시문학동인으로 참가. 동인으로는 박용철, 김영랑, 이하윤 등이 있었음. 「겨울」, 「유리창」 등의 시와 블레이크 원작의 「소곡」 등 역시(譯詩) 3편을 발표.
- 1933년: 6월 창간된 『가톨릭 청년』지의 편집고문을 맡음. 「해협의 오전 2시」 등 8편의 시와 산문을 발표.
- 1935년: 제1시집 『정지용시집』을 출간.
- 1938년: 산문과 산문시 등 약 30여편을 발표하고 블레이크와 휘트먼의 시를 번역함. 『경향잡지』의 일을 도움.
- 1939년: 『문장』지의 시 부문 추천위원이 되어 조지훈, 박두진, 박목월 등을 등단시킴.
- 1941년: 제2시집 『백록담』을 출간.

- 1945년: 휘문중학교 교사직을 그만두고 이화여자전문학교(현 이화여자대학) 교수로 이직. 담당과목은 한국어와 라틴어.
- 1946년: 경향신문사의 주간이 됨. 『지용시선』을 출간.
- 1947년: 경향신문사의 주간직 사임하고 이화여자대학교 교수로 복직.
- 1948년: 이화여자대학교를 사임하고 녹번리에서 서예를 하며 소일함. 시문, 수필, 기행문이 수록된 『문학독본』을 출간.
- 1949년: 3월 『산문』이 출간. 시문, 수필, 역시 등이 수록됨.
- 1950년: 2월 『문예』지에 「곡마단」 등을 발표함. 한국전쟁이 일어나자 정치보위부로 끌려가 구금됨. 김기림, 박영희 등과 서대문형무소에 수용되었다가, 북으로 이송 중 사망한 것으로 추정됨.